T0129921

essentials

Essentials liefern aktuelles Wissen in konzentrierter Form. Die Essenz dessen, worauf es als „State-of-the-Art" in der gegenwärtigen Fachdiskussion oder in der Praxis ankommt. *Essentials* informieren schnell, unkompliziert und verständlich

- als Einführung in ein aktuelles Thema aus Ihrem Fachgebiet
- als Einstieg in ein für Sie noch unbekanntes Themenfeld
- als Einblick, um zum Thema mitreden zu können

Die Bücher in elektronischer und gedruckter Form bringen das Fachwissen von Springerautor*innen kompakt zur Darstellung. Sie sind besonders für die Nutzung als eBook auf Tablet-PCs, eBook-Readern und Smartphones geeignet. *Essentials* sind Wissensbausteine aus den Wirtschafts-, Sozial- und Geisteswissenschaften, aus Technik und Naturwissenschaften sowie aus Medizin, Psychologie und Gesundheitsberufen. Von renommierten Autor*innen aller Springer-Verlagsmarken.

Wolfgang Zimmermann · Felix Richter ·
Andre Stuer

Sustainability Leadership

Wie Führungskräfte
mittelständischer Unternehmen
Nachhaltigkeit verankern können

Springer Gabler

Wolfgang Zimmermann
Murnau, Deutschland

Felix Richter
Berlin, Deutschland

Andre Stuer
Potsdam, Deutschland

ISSN 2197-6708   ISSN 2197-6716 (electronic)
essentials
ISBN 978-3-658-44328-3   ISBN 978-3-658-44329-0 (eBook)
https://doi.org/10.1007/978-3-658-44329-0

Die Deutsche Nationalbibliothek verzeichnet diese Publikation in der Deutschen Nationalbibliografie; detaillierte bibliografische Daten sind im Internet über https://portal.dnb.de abrufbar.

Planung/Lektorat: Ann-Kristin Wiegmann
Springer Gabler ist ein Imprint der eingetragenen Gesellschaft Springer Fachmedien Wiesbaden GmbH und ist ein Teil von Springer Nature.
Die Anschrift der Gesellschaft ist: Abraham-Lincoln-Str. 46, 65189 Wiesbaden, Germany

Das Papier dieses Produkts ist recycelbar.

Was Sie in diesem *essential* finden können

- Die besonderen Herausforderungen für Mittelstands- und Familienunternehmen bezüglich Nachhaltigkeit.
- Ein Blick auf die Ebenen Organisation und Persönlichkeit unter dem Aspekt der Führung; wie Sie als Führungskraft erfolgreich Nachhaltigkeitsstrategien entwickeln, kommunizieren und umsetzen können.
- Interviews mit Führungskräften zu ihren Erfahrungen mit der Nachhaltigkeitstransformation.
- Konkrete Werkzeuge und Vorgehensweisen für die Transformation.
- Was „Unternehmertum 2.0" angesichts der Nachhaltigkeit bedeuten kann.
- Mut machen zum Aufbruch in eine positive Zukunft.
- Geeignet für unternehmerisch denkende Köpfe, Führungskräfte sowie Verantwortliche für das Thema Nachhaltigkeit in mittelständischen (Familien-) unternehmen.

Vorwort

Wer später anfängt, muss nachher umso schneller
aufholen.

Wer später anfängt, wird später belohnt.

Ist die Zukunft stehen geblieben? Hand aufs Herz: Niemand hat etwas in petto,
was man eine Zukunft für das 21. Jahrhundert nennen könnte.

Geht es beim Thema Nachhaltigkeit nur um die Verhinderung des Schlimms-
ten? Darum, Feuer zu löschen und die Flammen ein bisschen zu verteilen? Um
eine strikte Befolgung der zahlreichen neuen Gesetze und Verordnungen?

Je weniger der Horizont in Sicht ist, umso notwendiger ist es, vorauszublicken,
flexibel zu sein – mit einer guten Portion Unternehmergeist (siehe auch Abschn.
6.2).

Können wir auch anders? Was kann verantwortliche Führung dazu beitragen?
Wie machen wir das mit unternehmerischem Mindset? Ergänzend zu den allseits
verfügbaren Checklisten schauen wir auf die Führungsherausforderungen, auf die
Transformation, auf integrativ umsetzbare Wege und fundierte Ansätze.

Herzlich Willkommen zum gemeinsamen Schauen, Denken und Lernen!

Danksagung

Wir danken unseren Interviewpartnern und Kunden aus Beratungsprojekten für
die spannenden Impulse, die wir für das Buchprojekt erhalten haben.

Hinweis

Um die Lesbarkeit des Buches zu vereinfachen und die Barrierefreiheit zu ermöglichen, wechseln wir zwischen den unterschiedlichen Formen bzw. verwenden neutrale Begriffe. Wir wenden uns an alle Geschlechter.

Wolfgang Zimmermann
Felix Richter
Andre Stuer

Inhaltsverzeichnis

Einleitung

1

1.1 Nachhaltigkeit

Das Thema Nachhaltigkeit (engl. sustainability) ist in aller Munde. Dahinter steht der Gedanke, dass Menschen nicht mehr Ressourcen verbrauchen sollten, als zur Verfügung stehen. Je nach Blickwinkel wird der Begriff anders gefüllt:

- **Corporate Social Responsibility (CSR):** Einer der Begriffe, unter denen Nachhaltigkeitsthemen bearbeitet werden. In der Summe geht es um die gesellschaftliche Verantwortung von Unternehmen.
- **5P-Ansatz:** Während in früheren Jahrzehnten von sozialer, ökologischer und wirtschaftlicher Nachhaltigkeit die Rede war (u. a. in der Agenda 21 der UN 1992), wird heute auch „Frieden" und „Zusammenarbeit" einbezogen. Dies ergibt die „5P": people, planet, prosperity, peace und partnerships (Stiftung der Vereinten Nationen 2023).
- **(Finanzmarkt-)Regulierung und ESG:** Hier stehen die Aspekte Ökologie (Ecology), Soziales (Social) und Unternehmensführung (Governance) im Vordergrund.

Wesentliche **ökologische Entwicklungen** sind in der Infobox beschrieben. Für den Dialog mit der Belegschaft sowie mit externen Anspruchsgruppen ist es hilfreich, sich mit den wesentlichen Entwicklungen vertraut zu machen.

Im Rahmen der **sozialen Dimension** wird die Wirkung des unternehmerischen Handelns auf interne und externe Anspruchsgruppen (Stakeholder) betrachtet. Im Fokus stehen Themen wie Menschenrechte, Arbeitsbedingungen, Gesundheit oder soziales Engagement etc.

„**Governance**" bezieht sich auf eine Unternehmensführung, die Prinzipien wie Transparenz, Integrität, die Einhaltung von Normen etc. entspricht.

Infobox: Überblick über globale Entwicklungen der ökologischen Nachhaltigkeit

- **Klima:** Seit Jahrzehnten steigen die globalen Durchschnittstemperaturen an (siehe Abb. 1.1). Problematisch sind die unumkehrbaren „Kipp-Punkte" von Entwicklungen, die nicht mehr reversibel sind (z. B. Schmelzen des arktischen Eisschildes).
- **Biodiversität:** An dieser Stelle seien nur zwei markante Beispiele benannt: Die Ökotoxikologen der Universität Landau verweisen darauf, dass der Bestand an Insekten seit 30 Jahren um 80 % gesunken ist (Universität Landau 2021). Auch die Anzahl europäischer Feldvögel ist um die Hälfte gesunken (Brühl und Zahler 2019).
- **Ressourcenverzehr:** Wir verbrauchen viel mehr Ressourcen (in Deutschland 300 %) als die Welt uns zur Verfügung stellt (Prieß 2022). Die reichhaltigen Ressourcenquellen werden versiegen, wenn wir keinen Ausstieg aus der Wegwerfgesellschaft finden.
- **Umweltverschmutzung und -zerstörung:** Abgase, Abwässer oder Müll enthalten zumeist für Lebewesen schädliche Stoffe (wie Pestizide oder Mikroplastik). Umweltzerstörung erfolgt durch die zunehmende Abholzung von Wäldern oder die Umwandlung von natürlichen Flächen in Bauland.
- Im Rahmen dieses Buches können aus Platzgründen die ökologischen und sozialen Entwicklungen nicht weiter ausgeführt werden. Wir verweisen an dieser Stelle auf entsprechende weiterführende Literatur (z. B. Rat für Nachhaltige Entwicklung 2020).

Weltweit reagieren die Gesetzgeber. Wir sind somit durch globale Abkommen sowie durch Vorgaben der Europäischen Union an die Einhaltung wesentlicher Nachhaltigkeitsziele gebunden. Wegweisend war die Vereinbarung der **Agenda 2030 für nachhaltige Entwicklung** der Vereinten Nationen, die 2016 verabschiedet wurde. Die Agenda 2030 war auch die Grundlage für die Deutsche Nachhaltigkeitsstrategie.

In Deutschland wurde das **Grundgesetz** angepasst. Art. 20a GG verpflichtet zum Ressourcenschutz. Das strahlt auf alle Gesetze und Verordnungen aus. Mit

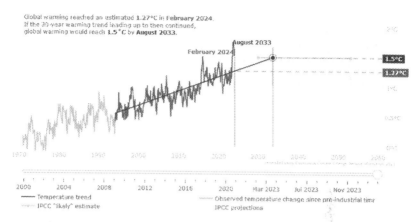

Abb. 1.1 Temperaturerwärmung seit 1970 (ECMWV 2023, Grafik erstellt mit Copernicus Climate Change Service information)

dem wegweisenden Beschluss vom 24.3.2021 weist auch das Bundesverfassungsgericht dem Klimaschutz mehr Gewicht zu. Regelungen, die dem Klimaschutzes zuwiderlaufen, können widerrufen werden.

Für Betriebe gibt es eine hohe Zahl an verbindlichenund freiwilligen Gesetzen und Standards. Intensiv diskutiert wurden in den vergangenen Jahren insbesondere die Nachhaltigkeitsberichterstattung sowie das Lieferkettengesetz:

Wichtige Gesetze und Standards

- Das CSR-Richtlinien-Umsetzungsgesetz (**CSR-RUG**, BGBL 2017) verpflichtet Unternehmen zur handelsrechtlichen Nachhaltigkeitsberichterstattung gem. § 264 ff. HGB. Diese gilt u. a. für kapitalmarktorientierte oder Unternehmen mit über 500 Mitarbeitern (in den letzten zwei Jahren jeweils im Durchschnitt).
- Die Corporate Sustainability Reporting Directive (**CSRD**), deren Standards in den European Sustainability Reporting Standards (**ESRS**) reglementiert sind. Bis 2026 werden auch kleinere und mittlere Unternehmen einbezogen, die dann die Pflicht zur Aufstellung eines Nachhaltigkeitsberichts haben.

- Das Lieferkettengesetz (**LkSG**) soll sicherstellen, dass Unternehmen Verantwortung darüber nehmen, inwieweit ihre Vorleistungen oder Beschaffungen im Rahmen der Lieferketten nachhaltig sind. Dies betrifft den Umweltschutz, aber auch Menschenrechte. Bei Verstößen drohen Bußgelder (LkSG 2023).

1.2   Perspektiven und Chancen

Schon jetzt möchten wir ein Achtungszeichen setzen: Wer nur in Ver- und Geboten denkt und warnend düstere Zukunftsszenarios verbreitet, kann sein Team nicht überzeugen. Das erzeugt keine Handlungsenergie! Führungskräfte, die etwas bewegen wollen, zeigen Chancen und Perspektiven auf.

Unternehmen, welche die Nachhaltigkeit bereits aktiv angehen, versprechen sich davon konkrete Vorteile (Freiberg und Bruckner 2023):

- Langfristiges Überleben des Unternehmens (gerade in „kritischen" Sektoren)
- Kosteneinsparung
- Höhere Motivation der Mitarbeiter (Sinnhaftigkeit der Arbeit)
- Attraktivität für neue Mitarbeitenden
- Kundenwünsche erfüllen
- Neue Geschäftsfelder
- Sicherstellung von Finanzierungen

Auch auf gesellschaftlicher Ebene bringt es nichts, den Kopf in den Sand zu stecken. Das Umweltbundesamt zeigt auf, dass bei Ausnutzung der technischen Möglichkeiten und Lebensstiländerungen der Ressourcenverzehr um 70 % sinken kann (Umweltbundesamt 2022).

Nachhaltigkeitsprojekte führen in vielen Fällen auch zu einer höheren **Widerstandsfähigkeit**. Angesichts der aktuellen globalen Krisen stärkt dies auch die **Resilienz mittelständischer Unternehmen**. Sie können die Empfehlungen in diesem Buch auch aus dieser Perspektive lesen.

Eine Feldvermessung – der Blick von außen

2

Wie wäre es, die Erfolgsstory fortzuschreiben?

Nachhaltigkeit wird auch im Mittelstand noch oft zur Seite geschoben. Verständlich, zeigt doch ein Blick auf die einschlägigen Gesetzgebungen, dass hier neben gut gemeinten und dringend notwendigen Regelungen vor allem eines auf die Betriebe zukommt: viel Arbeit und viel Papierkram!

Deutschlands Mittelstand, lange Zeit Wachstums- und Innovationsmotor und angeführt durch weltweite „hidden champions", steht von verschiedenen Seiten unter Druck.

Angenommen, es gelingt, für eine Fortsetzung der Erfolgsstory zu sorgen, auf den Schultern der Geschichte stehend, weit nach vorne auszugreifen: Was wären die wesentlichen Hebel, die Kernelemente im Bereich der Führung und eines „Neuen Pioniergeistes"? Was sind die Chancen und Wegweiser auch angesichts der anstehenden Generationenwechsel? Welche Hürden müssten beseitigt werden?

Sieben Hypothesen zur Nachhaltigkeit

Aus unseren Gesprächen und Beratungsprozessen sowie einem intensiven Studium von bisherigen Veröffentlichungen haben wir Hypothesen zum aktuellen Stand der Nachhaltigkeit im Mittelstand abgeleitet, mit denen wir die Reise mit Ihnen antreten möchten:

1. **Die Ablenkungsfalle:** Es gibt eine Gefahr, sich zu sehr an Formalien, Berichten und Checklisten zu orientieren. Reinhard Schneider, Gründer und Pionier (Marke „Frosch") spricht von Checkbox-Illusion und meint damit viele Häkchen hinter oberflächlichen Maßnahmen, **ohne das Kerngeschäft zu berühren** (Schneider 2023). In vielen Fällen führt erst die Veränderung bzw. Anpassung von Produkten und Produktionsverfahren zu spürbaren Nachhaltigkeitswirkungen.

© Der/die Autor(en), exklusiv lizenziert an Springer Fachmedien Wiesbaden GmbH, ein Teil von Springer Nature 2024
W. Zimmermann et al., *Sustainability Leadership*, essentials, https://doi.org/10.1007/978-3-658-44329-0_2

2. In vielen Betrieben wurden Nachhaltigkeitsbeauftragte sowie neue Organisationseinheiten für ESG eingerichtet. Ein notwendiger Schritt angesichts der Komplexität und des geforderten Spezialwissens. **Doch Nachhaltigkeit ist eine Führungsaufgabe.** Die Gefahr liegt jedoch darin, ähnlich wie beim Qualitätsmanagement vor 30 Jahren, dass das Thema an Stäbe wegdelegiert wird und dadurch nicht zu einer umfassenden Thematik im Betrieb wird, was für eine wirkungsvolle Umsetzung notwendig wäre.

3. Eine weitere Falle: Betriebe rüsten **Kommunikation und Öffentlichkeitsarbeit** hoch. Auf der Schauseite passiert viel. Real erfolgt jedoch keine Nachhaltigkeitstransformation des Unternehmens, die früher oder später vom Gesetzgeber eingefordert werden wird. Das wird von Mitarbeitenden beobachtet und führt zu **sinkendem Vertrauen.** Gleichzeitig führt dies zu strategischen Problemen und **mangelnder Loyalität** insbesondere auch bei jüngeren Mitarbeitern.

4. Branchenanalysen zeigen: In allen Branchen gibt es **nicht nur die Ökopioniere,** die sich vor über 20 Jahren und früher auf den Weg gemacht haben. Es gibt viele **innovative, suchende Ansätze,** die sich der Herausforderung bewusst sind und Neuland betreten[1].

5. Im deutschen Mittelstand steht in vielen Betrieben ein **Generationenwechsel** an. Die jungen Führungskräfte stehen vor der Aufgabe, ihren eigenen Stil zu definieren und die eigene „Duftmarke" zu setzen. Hier besteht die Chance, den personellen Umbruch auch mit einer inhaltlichen Neupositionierung zu verbinden. So können sie in Zukunft ein innovatives und nachhaltiges Unternehmen an ihre Nachfolger übergeben.

6. Die Querverbindung von **Nachhaltigkeit durch Digitalisierung** stellt eine Chance dar. Innovatoren können beide Themen gleichzeitig angehen und damit gleich zwei Megatrends angehen. Das datengetriebene Unternehmen setzt auf transparente, aktuelle, ganzheitliche und digitale Prozesse. Durch die Verbindung neuer (digitaler) und nachhaltiger (technischer) Dienstleistungen, Produkte und Verfahren gibt es Chancen, den Bedarfen von Kunden wie auch der von der Politik geforderte Transparenz entgegenzukommen.

Insgesamt zeigt sich im Mittelstand eine große Bandbreite zwischen unternehmerisch innovativen Vordenkern und einem hohen Maß an Beharrungskräften. Wo stehen Sie mit Ihrem Betrieb und wo möchten Sie in Zukunft stehen?

---

[1] Vgl. hierzu zum Beispiel auch die Initiative „Blue Competence" des VDMA, Interview mit Judith Herzog-Kuballa.

Konflikte – der normale Nachhaltigkeitsalltag oder Tabu?

3.1 Positionierung zur Nachhaltigkeit

Am Anfang steht die Positionierung des Unternehmens zur Nachhaltigkeit. In Tab. 3.1 schlagen wir ein Stufenmodell für Unternehmen vor. Auf einer Skala vom Minimalansatz bis hin zum Idealisten gibt es eine breite Palette möglicher Positionierungen für Nachhaltigkeit. Wo stehen Sie?

Bei der Aushandlung der Positionierung ist es wichtig, die entstehenden Spannungsfelder und Konflikte zu bearbeiten. Konflikte sind im betrieblichen Alltag überall anzutreffen. Beim Thema Nachhaltigkeit gilt dies umso mehr. Sei es der Konflikt zwischen nachhaltigen Investitionen und dem Gewinn, kurz- oder langfristiger Perspektive bei wichtigen Entscheidungen oder Zielkonflikten zwischen verschiedenen Nachhaltigkeitszielen. Konflikte können schon damit beginnen, was Nachhaltigkeit eigentlich für das Unternehmen bedeutet. Hier gibt es große Unterschiede zwischen kapitalmarktorientierten Unternehmen und Familienbetrieben. Schauen wir, wie sich das in verschiedenen Konfliktfeldern auswirken kann:

3.2 Die inhaltliche Seite von Nachhaltigkeitskonflikten

Aufwendungen und Investitionen für Nachhaltigkeit kosten Geld, verteuern Produkte und Dienstleistungen und können damit zunächst zu Nachteilen im Wettbewerb führen. Im Investitionsgüterbereich drücken darüber hinaus starke Sachzwänge in der Lieferkette. „Was tun?" fragen sich also viele Unternehmer.

W. Zimmermann et al., *Sustainability Leadership*, essentials, https://doi.org/10.1007/978-3-658-44329-0_3

Tab. 3.1 Positionierung zur Nachhaltigkeit

	Minimalist	Marketing Orientierter	Strategischer Innovator	Idealist
Credo	Mit minimalem Aufwand gesetzliche Forderungen erfüllen	Wenn schon Aufwand, dann marketingwirksam!	Nachhaltigkeit gezielt für Innovationen nutzen	Jeden Tag die Welt ein Stück besser machen!
Ziele und Rollen	Wirtschaftlichkeit geht vor, Gesetze einhalten, Risiken und Aufwand minimieren!	Wie Minimalist, zusätzlich Marketingaktivitäten. Delegation an QM und Marketing	Nachhaltigkeit mit Innovationen und wirtschaftliche Wettbewerbsvorteile im Blick	Nachhaltigkeit bestimmt die Identität des Unternehmens, Inhaber oft Treiber der Nachhaltigkeit
Umsetzung	Vorgaben scannen, Berichterstattung ergänzen, möglichst vorgefertigte Tools nutzen	Gesetzliche und Stakeholder-Anforderungen erfüllen, Potenzial für Marketing ausschöpfen	Wie Marketing Orientierter, zusätzlich Chancen für nachhaltige Produkte und Prozesse profitabel nutzen	Ganzheitliche Nachhaltigkeit mit langfristigen Partnerschaften umsetzen

Besonders wenn das Hemd näher ist als die Hose. Verständlich, aber die Zeichen der Zeit kommen woanders her. Es besteht die Gefahr, das mit einer ad hoc Strategie der Kosteneinsparung auch ein Stück Zukunft abgeschnitten wird. Zum Umgang mit inhaltlichen Nachhaltigkeitskonflikten siehe Abschn. 4.2 „Sowohl-als-auch Denken als Balanceakt".

3.3 Die soziale Seite von Nachhaltigkeitskonflikten

Früher hieß es „Business ist Business". Mit dem Thema Nachhaltigkeit werden bisher externalisierte Faktoren ins Unternehmen geholt. Das Beobachtungsfeld von Führungskräften und Mitarbeitern wurde erweitert. Bei der Wesentlichkeitsanalyse müssen Betriebe berichten, wie sich Nachhaltigkeit auf ihr Geschäft auswirkt und wie sich die Geschäftsaktivitäten auf die Gesellschaft und Umwelt auswirken.

Unternehmer und Führungskräfte stehen vor der Herausforderung, neue Rollen anzunehmen und in einen Dialog mit Anspruchsgruppen (Stakeholdern) einzutreten. In der Vergangenheit wurde dieser meist an Stäbe im Rahmen der Öffentlichkeitsarbeit delegiert.

Der neue Dialog beginnt bei einer immer kritischer werdenden Öffentlichkeit, dem Dialog mit betroffenen Communities bis hin zu Investitionsentscheidungen der Banken. All das erhöht die thematische Komplexität und damit mögliche Spannungsfelder.

Nachhaltigkeit wirkt auch wie ein Rückspiegel nach innen: Ich muss Mitarbeitende einbinden bzw. auch neu gewinnen! Kritische Stimmen einbeziehen, für die Nachhaltigkeit keine Selbstverständlichkeit ist. Ingenieure haben andere Perspektiven als die Kaufleute, für die einen ist es ein Herzensthema, für andere ist der Preis zu hoch bzw. lehrt die Vergangenheit andere Branchenregeln. Wir haben dadurch auch neue Spannungsfelder zwischen Gewinnern und Verlierern bei der zunehmenden Popularität der Nachhaltigkeit.

Durch die Verschiebungen im „Innen" und „Außen" ergibt sich die Frage für Führungskräfte, wie sie Gefolgschaft und eine wirksame Kommunikation in beide Richtungen gewährleisten können. Dies wird in Kap. 10 erläutert.

3.4   Der zeitliche Aspekt von Nachhaltigkeitskonflikten

In zeitlicher Hinsicht ergibt sich der **Konflikt zwischen kurzfristigem Ergebnisdruck und den strategischen Entscheidungen** des Unternehmens für z. B. die Nachhaltigkeitstransformation. Unternehmer müssen sich fragen, welche Zeithorizonte sie in ihre Entscheidungen einbeziehen. Dagegen stehen operative Herausforderungen im Hier und Jetzt.

Unternehmer und Führungskräfte stehen vor der Herausforderung, ihre Entscheidungen entlang der unterschiedlichen Zeitzyklen (Kapitalmarkt, Verantwortlichkeiten, Vertragslaufzeiten) auszubalancieren. Dies gilt umso mehr, da die eigentliche Entscheidung, deren Umsetzung und Auswirkung im Falle der Nachhaltigkeit stärker auseinanderfallen.

Im Vordergrund steht der Umgang mit einer besonderen Art der Kannibalisierung: Neue und nachhaltige Produkte und Geschäftsmodelle müssen durch die gegenwärtigen Cash-Cows finanziert werden. Ein Schutzschirm für die neuen nachhaltigen Produkte gegenüber dem Überlebensimpuls der etablierten Produktvertreter wird notwendig.

Im Abschn. 4.1 beschreiben wir Tools zum Umgang mit zeitlichen Faktoren („time span capacity").

3.5   Ein anderer Blick auf Nachhaltigkeitskonflikte

„Halt", werden einige rufen, als Familienunternehmen schätzen wir Harmonie. Meistens werden Konflikte als etwas Negatives angesehen. Nachfolgend möchten wir für das Thema Nachhaltigkeit einen bewusst anderen Blick auf Konflikte werfen. Wie wäre es, in den unterschiedlichen Positionen auch einen Motor der Veränderung zu sehen? Werden Konflikte konstruktiv ausgehandelt und bewältigt, kommt man oft zu tragfähigen und zukunftsorientierten Ergebnissen!

In den meisten Fällen geht es in Betrieben – vordergründig – um Sachkonflikte, so auch beim Thema Nachhaltigkeit. Diese entwickeln sich nicht selten zu persönlichen Konflikten oder sogar zu Beziehungskonflikten. Beziehungskonflikte sind für das negative Image von Konflikten verantwortlich.

Eine harmonische Organisation gibt es nicht, sondern nur Organisationen, die kompetent im Umgang mit Konflikten sind. Warum?

Organisationen koordinieren das Verhalten vieler Akteure. Viele sind es deshalb, weil wenige alleine die Leistung, die eine Organisation erbringen kann, nicht erbringen können. Es sind aber nicht nur viele, sondern auch unterschiedliche Akteure, die jeweils eigene Kompetenzen, Rollen und Aufgaben haben und in unterschiedlichen Zeitläufen und -strukturen ihre Leistung erbringen. Logisch, dass die Interessen, Prioritätensetzungen und Ressourcenwünsche für ein gutes Arbeitsergebnis niemals harmonisch aufgehen. Da Ressourcen (also auch Arbeitskraft und Zeit) immer knapp sind, sind **Verteilungskämpfe und Wertkonflikte notwendig!** Der Vertrieb wird meist für Flexibilität und Ausnahmen optieren, der Nachhaltigkeitsbeauftragte meist für das Einhalten von Routinen und Regeln (Eidenschink 2023).

Wie lässt sich nun durch die Vielfalt der Nachhaltigkeitskonflikte navigieren? Wie sieht erfolgreiche Führung zu Nachhaltigkeit aus? Wir sehen drei große Felder von Sustainability Leadership, siehe Abb. 3.1

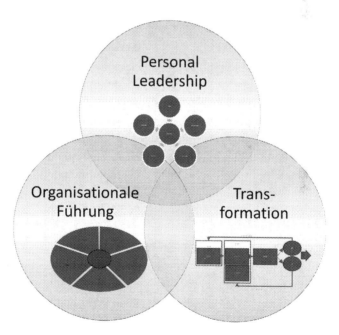

Abb. 3.1 3 Felder von Sustainability Leadership

Organisationale Führung von Nachhaltigkeit

4

Klassischerweise wird Führung oft mit (patriarchalischen) Heldengeschichten verbunden. Gerade das Thema Nachhaltigkeit ist jedoch nur zu lösen, wenn Führung „auf breiten Schultern" steht, das heißt in der ganzen Organisation verankert ist. Es geht um das Gesamtsystem des Unternehmens. Dies hat sich auch in unseren Interviews bestätigt.

Hierzu greifen wir einen Begriff auf, der zunächst ungewöhnlich erscheinen mag: „organisationale Führung". Es geht also nicht nur um die Führungskraft alleine, sondern um Gesamteigenschaften des Unternehmens. Um hierzu praktische Hinweise zu geben, haben wir „Fünf Essentials" identifiziert (siehe Abb. 4.1), die wir nachfolgend näher beschreiben.

4.1 Time Span Capacity: Vom Fahren auf Sicht zum Fahren mit Weitblick

Im letzten Kapitel wurden die Konflikte beschrieben, die sich rund um die verschiedenen **„Systemzeiten"** ergeben, zu denen es Schnittstellen zur Nachhaltigkeit gibt: Die Börse tickt in Millisekunden, der Ertrag durch die Konsumenten kommt heute, auf Basis der Bedarfe der Saison.

Die Verträge der Manager laufen wenige Jahre, Boni sind jährlich oder quartalsweise getaktet. Die **zeitliche Taktung von Anreizstrukturen** ist zum Teil problematisch für das Thema Nachhaltigkeit. Nachhaltigkeitsinvestitionen zeigen sich unter Umständen erst nach vielen Jahren, bei Produktionsanlagen auch erst nach Jahrzehnten (vgl. auch Abb. 4.2).

W. Zimmermann et al., *Sustainability Leadership*, essentials, https://doi.org/10.1007/978-3-658-44329-0_4

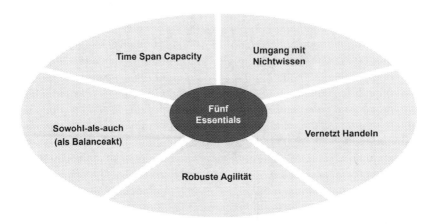

Abb. 4.1 Die „Fünf Essentials" der Organisationalen Führung

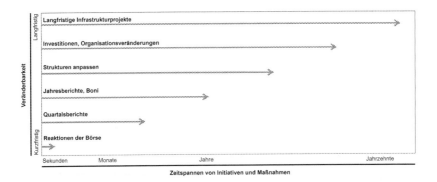

Abb. 4.2 Exemplarischer Überblick über unterschiedliche Zeithorizonte

Hier bringen wir die „Time Span Capacity" (Wikipedia 2023) ins Spiel. Es kann spannend sein, als Unternehmer mit **unterschiedlichen Blickwinkeln** zu experimentieren und zu schauen, welche Erkenntnisse dies bringt. Dazu setzt man sich bei der Betrachtung verschiedene Hüte auf:

1. Differenzierung **innen/außen:** Wie schaue ich als Führungskraft auf die Thematik, wie der Mitbewerber? Was sagen die Aktionäre?

2. Differenzierung auf der **Zeitschiene**: Was würde der Gründer des Familienunternehmens sagen? Was würden Archäologen sagen, die das eigene Firmenarchiv ausgraben?
3. Spielen mit der **zeitlichen Perspektive**: „Auf welche Brennweite stelle ich mein Zoom-Objektiv in die Zukunft? Zwei bis drei Jahre? Fünfjahresblöcke? Ein Jahrzehnt?"

Wir empfehlen, bei diesen Übungen die „**Überlebensfähigkeit** des Unternehmens"[1] immer als Mindestkriterium im Blick zu behalten. Diese Perspektive ist bei Familienunternehmen überdurchschnittlich verbreitet, geht es doch darum, den Betrieb den Kindern und Enkeln eines Tages zu vererben. In ausgewählten Zeiträumen kann das dazu führen, dass die Überlebenskriterien höher als rein ökonomische Erfolgskriterien gewichtet werden. Dies sieht bei Aktiengesellschaften ganz anders aus, da sie immer die Quartalsergebnisse bzw. den Jahresabschluss im Blick halten müssen. Die spannende Frage ist, an welchen Kriterien „Überleben" gemessen werden kann; was sind hier relevante Einheiten und Zeithorizonte?

Leitfragen zur Time Span Capacity

Wir regen an, in interdisziplinären Teams das eigene Feld aktiv zu erkunden, um für Nachhaltigkeitsentscheidungen den nötigen Weitblick zu bekommen.

1. Welche **relevanten Time Spans** gibt es in unserem Business im Thema Nachhaltigkeit (z. B. kurzfristige Softwarelösungen, langfristige Strukturinvestitionen)?
2. Welche langfristigen nachhaltigen **Handlungserfordernisse** sehen wir?
3. Wie korrespondiert dies mit der Umwelt beobachtbaren ökologischen und ökonomischen **Chancen und Risiken**?
4. Wie ist es möglich, langfristige Elemente in kurzfristige Steuerungs- und Anreizstrukturen einzubauen und die **verschiedenen Zeitebenen** in meinem Handeln zu verbinden?
5. Welche **Regelungen** sind hier hilfreich (z. B. Sonderboni für nachhaltige Produkte)?
6. Welche **Zeitperspektive** können wir uns als Organisation vorstellen?
7. Wofür habe ich noch ein **kräftiges Bild**?

---

[1] Das Modell Lebensfähiger Systeme (Viable Systems Model) geht auf Stafford Beer zurück (Beer 1959).

Nachdem die Zukunftsbilder entworfen sind, noch Folgendes:

1. Wie lange können wir es **aushalten**, uns dorthin zu bewegen, ohne dort gewesen zu sein?
2. Wie lange halten wir im Zweifel daran fest, wollwissend das es Rückschläge und Umwege geben wird?
3. Wie weit gelingt es, über meine Generation **hinauszudenken**?

4.2 Sowohl-als-auch Denken als Balanceakt

Nachhaltigkeitsmanagement stößt immer wieder auf **Widersprüche**[2]. Es entstehen spannungsreiche Pole, an denen sich die Meinungsbildung orientiert: Gewinn ausschütten **oder** in eine Solaranlage investieren? Wirtschaftlich optimieren **oder** technisch? Moralisch **oder** pragmatisch vorgehen?

Je besser Führungskräfte verstehen, dass es sich um Widersprüche handelt, **die sie pro-aktiv angehen** können, werden sie handlungsfähiger und kreativer.

Das alte Managementcredo war ganz anders. Klare Positionierungen waren gefordert. Unternehmen sollten beispielsweise **entweder** auf Kostenführerschaft **oder** auf Qualität setzen. Sonst drohten Wettbewerbsnachteile.[3]

Offen gesagt: Viele unternehmerisch geführte Betriebe denken da etwas „schlampig". Sie kombinieren sehr gekonnt das eine mit dem anderen, schaffen neue Verbindungen, sind innovativ und balancieren Widersprüche aus.

Die Pole erzeugen Spannung, machen aber auch **Entscheidungsnotwendigkeiten** deutlich. Es ist ungünstig, einen von zwei Polen einer Dualität zu optimieren und den anderen zu negieren. Dies ist kein Plädoyer für ein laues „sowohl als auch". Vielmehr der Hinweis, dass diese Spannungsfelder auch eine Kraftquelle sein können für Neues. Sie können das „Material" sein, dass dem Betrieb ihre innovative Dynamik gibt.

Beispiel Sowohl-als auch

Der Jahreskongress zum Thema Strategie und Nachhaltigkeit in einem mittelständischen Unternehmen mit 2000 Mitarbeitenden, eine emotional aufgeregte Diskussion. Der Marketingleiter gibt ein klares Statement ab: „Für uns ist

---

[2] Es gibt mehrere Begriffe für diese Thematik: Widersprüche, Dilemma oder organisationstheoretisch Paradoxien (vgl. Zimmermann 2016).

[3] Dieser (mittlerweile überholte) Ansatz stammt von Michael Porter (Porter 2008).

das Thema zentral, wir sollten es sofort in den Mittelpunkt stellen." Aufgeregt widerspricht der kaufmännische Leiter: „Das können wir gar nicht. Aus betriebswirtschaftlicher Sicht gefährden wir da das Unternehmen. Und ganz persönlich gesagt, nicht böse sein, ich halte das auch für eine Modeerscheinung." Die Sichten prallen aufeinander. Am Ende der drei Tage, nach intensivstem Arbeiten und Diskutieren: Wir gewichten das Thema deutlich neu. Wir setzen klare Schwerpunkte im Rahmen der Dreijahresplanung. Wir halten uns in der Kommunikation noch etwas zurück, aber wollen die Thematik tief in die DNA des Unternehmens verankern.[4] ◄

Ein einfaches Tool für den Balanceakt des „Sowohl-als-auch" ist das **Tetralemma** (Sparrer und van Kibed 2008). Es hat sich in unserer Arbeit zum aktiven Umgang mit Widersprüchen bewährt und zeigt mögliche Handlungsoptionen auf.

Beispiel Tetralemma für Nachhaltigkeit

Angenommen es besteht die Wahl zwischen einer nachhaltigen Investition und einer Gewinnausschüttung, dann hat der Entscheider grundsätzlich fünf Möglichkeiten:

1. Die nachhaltige Investition,
2. Eine Gewinnausschüttung,
3. Eine Mischlösung, also ein Sowohl-als-auch,
4. Keine der beiden Optionen!
5. Es wird ein ganz anderes Arbeitsfeld angegangen und die bisherigen Optionen verworfen

Die vierte Variante wird oft gewählt, wenn es „eigentlich" um ein anderes Thema geht. Zum Beispiel könnte es um einen Richtungsstreit zwischen zwei Generationen gehen, bei denen das Thema Nachfolgeplanung ausgetragen wird.

In den meisten Fällen beschäftigt den Unternehmer Variante 3 **(Sowohl-als-auch):** Wie lassen sich widersprüchliche Möglichkeiten unter einen Hut bringen? Eine gängige Lösung ist der **Kompromiss.**

---

[4] In der Literatur wird diese Situation als „Innovators Dilemma" bezeichnet. Die Tatsache, dass Führungskräfte gleichzeitig das Kerngeschäft optimieren und neue Geschäftsfelder erfinden müssen, wird oft als sehr belastend und unzureichend empfunden (Christensen 1997).

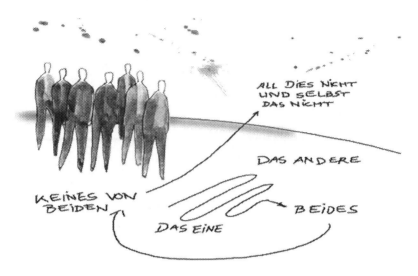

Abb. 4.3 Handlungsoptionen Tetralemma

Ein Sowohl-als-auch kann eine Lösung auf einer **höheren logischen Ebene** sein: Der Unternehmer nimmt Abschied von der eindeutigen Entweder-oder-Entscheidung. Es entsteht eine neue Sicht. Diese hat oft ein hohes innovatives Potenzial. Eine Gesamtübersicht finden Sie in der folgenden Abbildung (Abb. 4.3).◄

„Ein erstklassiger Geist zeichnet sich dadurch aus, dass er in der Lage ist, zwei gegensätzliche Ideen in seinem Kopf auszuhalten und trotzdem noch zu funktionieren."
Scott Fitzgerald

4.3   Umgang mit Nichtwissen

Die Unternehmensführung hat den Überblick. Die Leitung entscheidet nach bestem Wissen und Gewissen. Das war das **klassische Modell,** das seine Gültigkeit in bekannten und vor allem stabilen Märkten hatte. Diese Zeiten sind vorbei.

Nachhaltigkeit führt uns mit all seinen Facetten in unbekanntes Terrain. Dies gilt insbesondere für die Pfade dorthin. Es sind keine ausgetretenen und robusten Wege, die gut ausgeschildert sind. Für den **Umgang mit Nichtwissen** sind neue Instrumente notwendig. Es muss umgedacht werden.

„…im Umgang mit Nichtwissen zeigt sich der Unterschied zwischen einer lernenden Organisation und einer Statusorganisation." **Götz Werner, Gründer der DM Drogeriekette** (Zeug 2007)

Wollen Führungskräfte nachhaltige Lösungen umsetzen, müssen sie mit ihren Mitarbeitenden **innovative und kreative Lösungen** entwickeln. Dazu benötigen sie zum Beispiel die Fähigkeit, **neue Geschäftsmodelle und Technologien** zu identifizieren und einzuführen. Dies erfordert jedoch andere Fähigkeiten, als das Kerngeschäft am Laufen zu halten. Wir unterscheiden beim Umgang mit Nichtwissen daher:

1. Führung **im laufenden Betrieb**: Risiko und Fehlerkultur pflegen
2. Führung für **Innovation**: erfordert mehr Freiräume.

Erfolgreiche Unternehmerinnen beherrschen beide Formen der Führung (**Beidhändigkeit** oder **Ambidextrie**; „eine feste und eine explorierende Hand", vgl. O'Reilly und Tushman 2008).

Führung von Nachhaltigkeit im laufenden Betrieb
Im laufenden Betrieb spielt die **Erfassung und das Management von Nachhaltigkeitsrisiken** eine wichtige Rolle. Warum? Hier sei auf (oft spektakuläre) Pannen verwiesen, die schnell in der Presse erscheinen.[5] Systematische Maßnahmen zur Vermeidung insb. ökologischer und sozialer Risiken sind schließlich auch gesetzlich gefordert.

An dieser Stelle gibt es zwei grundlegende Herangehensweisen, die sich nur bis zu einem gewissen Grad ergänzen: Einerseits Risiken über **klare Anleitungen und Checklisten** auszuschließen. Eine andere Möglichkeit ist es, die Mitarbeitenden zu **sensibilisieren und deren Expertise** zu fördern. Durch eine höhere Selbstorganisation können sie dann eigenständiger mit den Risiken umgehen.

In diesem Kontext lohnt ein Blick auf den Organisationstypus **„High Reliability Organisationen (HRO)"**. Dies sind Unternehmen in risikobehafteten Branchen, die sich durch ein Höchstmaß an Zuverlässigkeit auszeichnen und jederzeit damit rechnen müssen, mit unerwarteten Ereignissen konfrontiert zu werden. Dies ist auch für viele technologieorientierte Mittelständler relevant (Weick und Sutcliffe 2008).

---

[5] Wie der aktuelle Vorwurf der Produktion von „Blutautos" an BMW wegen Umweltverschmutzungen eines marokkanischen Lieferanten von Kobalt für Elektrobatterien oder Vorwürfen zu Kinderarbeit in der Textilbranche zeigen.

Was können Mittelständler von HRO-Organisationen lernen?

- Kultivierung unterschiedlicher Perspektiven (z. B. Vier-Augen-Prinzip, kein Tunnelblick);
- Auf schwache Signale für Abweichungen im operativen Geschäft achten;
- Motiviert sein, Abweichungen und Fehler zu melden; Schuldzuweisungen vermeiden
- Fehler als potenzielle Symptome für größere systemische Fehler betrachten;
- Offener und ehrliches Austausch über Fehler, Abweichung, Beinahe-Vorfälle
- Robuste organisatorische, personelle, finanzielle Puffer aufbauen◄

Führung für Innovation von Nachhaltigkeit

Was ist hingegen bei der **Führung für Innovation** zu berücksichtigen? Hier gilt es, aus etablierten Denkstrukturen herauszukommen. **Neugierde ist das Wichtigste.** Dies bedeutet wiederum: Offenheit für das Thema Nachhaltigkeit, sich darauf einzulassen, mit dem Thema zu „spielen". Aus der Komfortzone des Denkens herausgehen, auch wenn einige spinnerte Ideen herauskommen, die man dann nicht umsetzt.

Zur **spielerischen Neugier** gehört die Fähigkeit das Alte, das Vertraute neu zu sehen, alternative Perspektiven einzunehmen und im scheinbaren Bekannten neue Möglichkeiten zu entdecken. Dazu braucht es eine gesunde Balance zwischen Neugier und Erfahrung, zwischen dem Erforschten und dem Unerforschten. Führungskräfte müssen lernen, wieder zu staunen, sich vorwärts zu tasten, auf sich zu hören und den Kontrollverlust zu akzeptieren

Vor allem sei betont: **das geht nicht unter Stress,** der hirnphysiologisch jegliche Kreativität verzwergen lässt. Auch deswegen ist es ratsam, die gesetzlichen Fristen bei der Nachhaltigkeitsberichterstattung nicht bis auf das Letzte auszureizen.

Das „Entlernen" (engl. unlearning), also das **„heraus Führen" aus alten Routinen,** ist eine größere Herausforderung als das Lernen. Unsere Denkweisen und Routinen sind tief in eingeschliffenen Strukturen sowie unserem (auch organisationalen!) Gedächtnis verankert.

Für den Veränderungsprozess ist es wichtig, die bisherigen Routinen, die sich lange bewährt haben, **wertzuschätzen.** Für Veränderung braucht es weiterhin eine konstruktive Unzufriedenheit und ab und zu auch einen externen Blick, sei es über kollegiale Formen des Austausches oder neue Mitarbeitende.

Unsere Interviewpartner brachten weitere Impulse ein: „Mitarbeiter muss man überzeugen. Wenn es nur nach Befehl und Gehorsam geht, wird es nicht funktionieren. Mitarbeiter muss man abholen, deren Sorgen muss man adressieren. Sie sind ja oft sehr loyal und versuchen das eigene Unternehmen vor irgendwelchen spinnerten

Ideen zu schützen. Das ist lobenswert. Wenn man selbst überzeugt ist, dass man eine vernünftige Idee hat, kommt man letztlich tatsächlich nur zusammen, wenn man die Argumente gelten lässt und **in der Sache überzeugen** kann. Sonst wird es nichts." Für das Finden neuer Lösungen erweist sich die Methode des **ergebnisoffenen Experimentierens** oft als zielführend. Sie widerspricht der klassischen Logik („erst Denken, dann umsetzen, dann läuft alles nach Plan" oder „plan, build, run"). Im Alltag stellen wir oft das Gegenteil fest: Experimentieren ist wie Radfahren. Man lernt durch Übung. So sieht unternehmerisches Tun oft in der Praxis aus. Das Vorgehen, das wird dann schamhaft verschwiegen, widerspricht der klassischen Rationalitätslogik. Dies zeigen auch neuere Forschungsergebnisse (Sarashathy 2009, Faschingbauer 2021).[6]

Gelingende Führung angesichts Komplexität und Unvollständigkeit heißt

- kritisch denken;
- konstruktiv zweifeln;
- andere Fragen stellen;
- mutig eigene (und zum Teil verrückte) Wege gehen!
  Wie sieht das in Ihrer Organisation aus?

4.4   Vernetztes und integratives Denken und Handeln

Zunächst wird es etwas trocken: Die von der Europäischen Kommission verabschiedeten Leitlinien für die Nachhaltigkeitsberichterstattung ESRS erfordern eine **„Wesentlichkeitsanalyse"** (ESRS 2023, § 9 A). Klassische Stakeholder-Analysen und -befragungen reichen nicht mehr aus. Unternehmen sollen sich externen Anspruchsgruppen gegenüber öffnen und einen Dialog beginnen (siehe nachfolgender Überblick zur Wesentlichkeitsanalyse). **Relevante Anspruchsgruppen** sind z. B. Kunden, lokale Kommunalverwaltungen, Mitbewerber oder auch Bürgerinitiativen. Gleichzeitig gilt es, die bestehenden Funktionsbereiche (Einkauf, Vertrieb, Produktion etc.) an Bord zu behalten und in den Dialog einzubeziehen. Dadurch **erhöht** sich die **Perspektivenvielfalt,** die schon im Unternehmen eine Herausforderung sein kann.

---

[6] Vgl. hierzu auch das dynamische Unternehmensmodell Abschn. 8.2

Wesentlichkeitsanalyse

Im Rahmen der **Wesentlichkeitsanalyse** prüfen Unternehmen, welche Nachhaltigkeitsbereiche relevant (wesentlich) für die Nachhaltigkeitsberichterstattung sind.[7] Für manche Unternehmen ist das Thema „Biodiversität" wesentlich, für andere hingegen nicht. Alternativ für „Wesentlichkeit" wird der englische Begriff **„Materialität"** (materiality) aus der angloamerikanischen Rechnungslegung verwendet.

Die Prüffrage für die Aufnahme einzelner Nachhaltigkeitsbereiche in der Berichterstattung ist: **„Welche ökologischen, sozialen und Governance betreffenden Wirkungen sind für uns wesentlich?"**

Es sind zwei Perspektiven zu berücksichtigen (daher der Begriff **„Doppelte Materialität"**):

- Bei der **„Inside-Out Perspektive"** prüfen Unternehmen, welche Auswirkungen („impact") der Betrieb auf die Nachhaltigkeitsbereiche hat. Dabei gibt es reale und mögliche Auswirkungen, die schädlich oder vorteilhaft sein können.
- Bei der **„Outside-In-Perspektive"** wird gefragt, wie sich die Nachhaltigkeitsbereiche auf die Unternehmensfinanzen sowie das Geschäftsmodell auswirken. Dabei wird auch von **„finanzieller Wesentlichkeit"** gesprochen.

Über den Dialog mit den internen und externen Anspruchsgruppen hinaus sind im Rahmen der Analysen auch **ökologische und gesellschaftliche Wechselwirkungen** zu prüfen. Es wird deutlich, dass ganzheitliche Instrumente des Komplexitätsmanagements im Unternehmen notwendig werden. Die Grundlage hierfür ist: **vernetztes und integratives Denken und Handeln.**

Vernetztes Denken beinhaltet ein **Denken in Kreisläufen** (vergleiche auch Abb. 4.4). Dies gilt besonders anschaulich für die **Kreislaufwirtschaft** (Circular Economy), bei der Energie und Materialkreisläufe durch Wiederverwendung so weit wie möglich geschlossen werden. Peter Senge (z. B. Senge 1990) zeigte auf,

---

[7] Hierzu Gablers Wirtschaftslexikon (Gabler 2023): „Principle of Materiality, Grundsatz der Wesentlichkeit; angloamerikanisches Prinzip der Rechnungslegung. Besagt, dass bei der Aufstellung eines Jahresabschlusses alle Tatbestände berücksichtigt und offengelegt werden müssen, die „material" (wesentlich) sind, d. h. wegen ihrer Größenordnung einen Einfluss auf das Jahresergebnis haben und wegen ihres Aussagewertes für die Empfänger von Jahresabschlüssen von Bedeutung sind."

wie wichtig vernetzte und nicht-lineare Dynamiken für Unternehmen sind. Hat man Wechselwirkungen und Rückkopplungsprozesse im Blick, können interne und externe strategische Entwicklungen besser vorhergesehen und frühzeitig beeinflusst werden. Frühe Ansätze und Werkzeuge des vernetzten Denkens unter dem Begriff **Ganzheitlichkeit** (Vester 1999) sind dabei aus dem Blickfeld geraten. Er wurde teilweise durch einen **Ökosystemansatz** ersetzt (Dürr 2011).

▶ Das systemische Denken und Handeln kann Ihnen helfen, ökonomische, soziale und ökologische Prozesse **über die eigenen Unternehmensgrenzen hinaus** systematisch zu erfassen. Eine grundlegende Einsicht dabei ist, das lebendige (also ökologische und soziale) Systeme und Umwelten niemals nach linearen Prinzipien funktionieren. Dies ist für die Planung der Nachhaltigkeitsstrategie von Bedeutung.

Abb. 4.4 Vernetztes Denken hilft Rückkopplungen zu antizipieren

Nachhaltigkeit orientiert sich am Paradigma des Lebendigen. Nachhaltigkeit bedeutet nichts anderes als die Unterstützung der allgemeinen dynamischen Lebensprozesse, d. h. ihrer **Vitalität, Produktivität, Robustheit, Elastizität und Resilienz.** Werden diese Prinzipien zur Orientierung bei der Anwendung der Analyse- und Planungstools angelegt, so können sich ganz neue Perspektiven ergeben.

Praxisimpulse für vernetztes und integratives Wirtschaften

1. Für ein **ganzheitliches Verständnis Ihrer aktuellen Unternehmenssituation** sowie der möglichen nachhaltigen Entwicklungspfade empfehlen wir eine systemische Analyse:
   - Schauen Sie, wie interne und externe **Prozesse** zusammenhängen, gerade auch **über die Grenzen der** klassischen (wissenschaftlichen) **Disziplinen** und betrieblichen Funktionsbereiche.
   - **Visualisieren** Sie Ihre Anspruchsgruppen (Stakeholder-Analyse), Wechselwirkungen und Rückkopplungen.
   - Erweitern Sie die **zeitliche Achse** – was passiert nach dem Verkaufsabschluss? Welche Möglichkeiten neuer, ganzheitlicher Prozesse ergibt sich, gerade auch im Hinblick auf Kreislaufwirtschaft? Nehmen Sie vorgelagerte Prozesse in den Blick (Sourcing, Beschaffung, Entwicklung; Design…).
   - Verwenden Sie systemische Instrumente und Tools zur Prüfung, aber auch der Planung Ihrer Nachhaltigkeitsstrategie. Eine prägnante und hilfreiche Einführung findet sich bei Rat für Nachhaltigkeit, 2020 sowie Güthler 2020.
2. Prüfen Sie, welche ausgewählten Mitarbeitenden das Thema **vernetztes und integratives Denken im Betrieb** voranbringen können, auch als Multiplikator für die Belegschaft sowie als Experte für das Nachhaltigkeitsteam.
3. Schaffen Sie neue **Routinen für die laufende Beobachtung externer Trends, Meldungen und Stimmungen** in einer immer vielfältigeren Öffentlichkeit im Bereich der Nachhaltigkeit. Hierdurch bekommen Sie wichtige Signale auch für Rückkopplungsprozesse im Rahmen der Doppelten Materialität.
4. Berücksichtigen Sie die Erkenntnisse im Rahmen Ihres Wissensmanagements.

4.5   Robuste Agilität gewährleisten

Bilanzielle Solidität, gute Eigenkapitalausstattung, geringe Abhängigkeit von Banken, das sind oft genannte Punkte, wenn es um **Krisenfestigkeit im Mittelstand** geht. Aber reicht das aus?

Die ökologische Transformation verlangt längerfristige Investitionen. Kurzfristige politische Kursänderungen führen jedoch dazu, dass es keine stabilen und konsistenten Rahmenbedingungen mehr gibt. Eine **klare Orientierung** wurde in den letzten Jahren auch aufgrund von Klimaereignissen und geopolitischen Konflikten **schwerer**. Wurde z. B. vor Jahren noch auf den Energieträger Gas gesetzt, ist das heute unter Klimaschutzgesichtspunkten fragwürdig und teuer.

Darüber hinaus gibt es **Moden**, die sich marktgetrieben abwechseln. War vor einigen Jahren das E-Auto und die Brennstoffzelle noch gehypt, traten einige Zeit später Wärmepumpen auf die Empfehlungsliste.

Es ist damit zu rechnen, dass die zyklischen Ausschläge und Umbrüche in der Zukunft zunehmen werden. Kaum ein **Steuerungskonzept** hat in den letzten Jahren für mehr für Schlagzeilen gesorgt als „**Agilität.**" Auch im Bereich der Nachhaltigkeit, mit steigendem Veränderungsdruck, wird Agilität häufig als wichtige Kompetenz genannt, um mit den ständigen Kurswechseln, Moden, Konflikten etc. umgehen zu können.

Agile Ansätze führten jedoch nicht immer zu nachhaltigen Ergebnissen. Vielfach gab es nach der Phase der ersten Euphorie Frustrationen über das Ausbleiben schneller Erfolge. In gut und aktiv geführten Mittelstandsunternehmen führte das zu Aussagen wie: „Merkwürdig, vieles davon ist bei uns tief in der Kultur verankert und ist Garant für unseren langjährigen Erfolg." (Rachlitz et al. 2021)

Gerade in turbulenten Märkten haben wir häufig eine erfolgreiche Spielart familiengeführter Unternehmen gefunden. Die soziale Dimension der Familien-DNA mit Werten wie z. B. Bindung, Vertrauen, Spielraum, Lernen und Leistung wird dort durch die Idee der „**Enkelfähigkeit**" ergänzt, die sich auf eine nachhaltige und langfristige Orientierung richtet.

Hilfreich kann es auch sein, sich an **klassische Stärken des Mittelstands** zu erinnern: seine Aversion gegen normierte Effizienz, eine kritische Haltung gegenüber Gleichmacherei, Vereinheitlichung, Standardisierung. Die Gründergeneration wie die Nachfolgerinnen fanden oft ihren eigenen Weg – wenn auch mit Ecken und Kanten.

Was in unserer Zeit und in Zukunft **neben Agilität** als ergänzende Qualität in der hohen Veränderungsdynamik sinnvoll ist, ist ein zweiter Begriff: **Robustheit,** oft auch als **Resilienz** bezeichnet.

Robustheit bedeutet die Belastbarkeit eines Systems und Elastizität bei Störungen von außen. In der Technik versteht man unter dem Begriff, die Fähigkeit einer Unternehmung, überraschende Störungen und Schocks selbst regulierend abzufedern, sodass die Vitalität und Lebenskraft des Systems erhalten bleibt. Es geht also um die Widerstandsfähigkeit gegenüber Unerwartetem und die Fähigkeit zur Krisenbewältigung, unter Nutzung eigener Ressourcen.

Die Kombination von Agilität und Robustheit ermöglicht es Organisationen, es in jeder Wetterlage mit unterschiedlichen Herausforderungen aufzunehmen, handlungsfähig zu bleiben.

Robustheit entwickelt sich aus dem **Wissen um die eigenen Kompetenzen, um Selbstvertrauen, Zuversicht und verwurzelte Gelassenheit.** Sie ist der Nährboden für Kreativität und Innovation. Für ein wirklich nachhaltiges Unternehmen ist Agilität nicht nur eine Methode des Projektmanagements, sondern das Unternehmen selbst wird agil.

Denkanstöße für den einen eigenen Weg mit „Ecken und Kanten", passend zur Branche

- Puffer vorsehen (Cyert und March 1992),
- Aversion gegen normierte Effizienz, eine kritische Haltung gegenüber Gleichmacherei, Standardisierung (Gefahr von Scheinsicherheiten!),
- Mit hohem Tempo flexibel arbeiten, „Intervall-Sprints ohne Panik!",
- Routinen und Gewohnheiten optimieren, Ballast abwerfen, Prozesse digitalisieren,
- Koordinationsverfahren und Entscheidungsprozesse vereinfachen, Meetings optimieren, also Bürokratie soweit möglich vermeiden,
- Risiko und Chancen-Kultur bis hin zur Frage: „Was ist das Glück im Unglück?".

„Durch Ganzheitlichkeit Mehrwert erzielen" – Interview Antje von Dewitz, Vaude

CEO des Familienunternehmens VAUDE Sport aus Tettnang
Deutscher Nachhaltigkeitspreis 2023 im Bereich Textilien (Abb. 5.1).

Wie hat das Thema Nachhaltigkeit für Sie und Ihr Unternehmen angefangen?
Bevor ich 2009 in das Familienunternehmens meines Vaters einstieg, gab es schon viele Projekte zum Thema Nachhaltigkeit; unter anderem eine kreislauffähige Kollektion und ein eigenes Rücknahmesystem zum rückstandslosen Recycling und andere tolle Projekte. Wir mussten erkennen, dass die Themen bei den Kunden noch nicht wirklich angekommen waren. Beispielsweise kam von den recyclefähigen Produkten sehr wenig zurück. Die Mehrkosten waren kaum stemmbar. Auf diese Weise konnten wir das Thema nicht wirkungsvoll ausspielen. Wir haben dann gemeinsam im Geschäftleitungsteam den Schluss daraus gezogen: Wenn wir Nachhaltigkeit erfolgreich machen möchten – und das war auf jeden Fall gesetzt – müssen wir es ganzheitlich angehen. Wir müssen einen Mehrwert für die Marke erzielen, damit wir das trotz Mehrkosten schaffen. Für uns war klar: Wir wollten auch die Art des Wirtschaftens ändern.

Was sind Ihre Lernerfahrungen für das Führen in einer nachhaltigen Transformation von Nachhaltigkeit?
Würde ich noch einmal anfangen, dann würde ich von Anfang an noch koordinierter vorgehen. Als wir unser eigenes Label mit den höchsten Standards und strengen Zusatzkriterien einführten („Green Shape"), hatten wir unseren Produktmanagern viel Raum dabei gelassen, welche Produkte dieses Label zuerst erhalten sollten. Doch wir haben schnell gelernt, eine stärkere strategische Steuerung auszuüben, indem wir bspw. festlegten, welcher Produktbereich zuerst komplett Green Shape

W. Zimmermann et al., *Sustainability Leadership*, essentials, https://doi.org/10.1007/978-3-658-44329-0_5

Abb. 5.1 Antje von
Dewitz

sein sollte. Wir haben auch definiert, wie wir gebündelt auf Lieferanten zugehen, bspw. indem wir Materialien zusammenlegen, um damit mehr Hebelwirkung zu erzielen. Auf diese Weise haben wir es geschafft, zusammenhängende Produkte bzw. durchgängige, aussagekräftige Kollektionen zu kreieren, mit denen wir für Aufmerksamkeit sorgten. Wir haben auf Augenhöhe unsere Strategien dargelegt und gesagt: „Schau, wir möchten mit dir in den nächsten Jahren Folgendes erreichen, und wir begleiten dich dabei." Wir haben dann gemeinsam Lösungen gefunden. Wir müssen als Pionier schon sehr kreativ sein, wie wir die Kosten für Audits, Berichtswesen etc. unterkriegen. Wir sind ja nicht plötzlich in einem Öko-Supermarkt, wo eh' alles teurer ist, sondern wir sind in einem vorhandenen Preisgefüge. Da können wir uns nicht raushalten, sonst verlieren wir Kunden. Das ist bis heute unsere größte Herausforderung. Wir haben uns am Anfang viel gestritten und wir hatten keine Mechanismen, um diese Zielkonflikte zu lösen. Gleichzeitig war ja der Generationenübergang im Unternehmen zu stemmen. Ein Baustein ist die Selbstwirksamkeit, die wir in speziellen Seminaren auch bei den Mitarbeitenden fördern. Wir haben uns selbst alle in die Lage versetzt, Selbstverantwortung zu übernehmen: für unsere eigenen Gefühle, für das was wir sagen, für das wie wir uns äußern, für das, wovon was wir uns triggern lassen. Der größte Teil von Konflikten sind doch zwischenmenschliche Themen! Mit Selbstwirksamkeit und einem klaren Kopf haben wir auch Mut und Lust zur Verantwortung. Selbstwirksamkeit ist auch im Bereich der Führung wichtig. Im klassischen Unternehmen entscheidet meistens die Führungskraft und sagt an, welche Richtung eingeschlagen werden soll. Die Komplexität steigt aber, je mehr nachhaltige Perspektiven ich berücksichtigen muss, desto mehr Menschen brauche ich, um die neuen Themen verantwortlich zu gestalten, damit nicht die ganze Komplexität bei der Führungskraft abgeladen wird, die das ja gar nicht bewältigen kann. Daher brauche ich Mitarbeitende auf Augenhöhe, die interdisziplinär und abteilungsübergreifend für ihre Themen einstehen und um die besten Lösungen ringen können. Wichtig für uns sind auch die Schulungscamps für unsere Handelskunden, damit die Verkäufer*innen fit in Nachhaltigkeitsthemen werden und dazu auch die Kund*innen beraten können. Dann haben wir die Academy für nachhaltiges Wirtschaften, wo wir auch andere Unternehmen auf ihrem Weg in die Nachhaltigkeit begleiten. Gerade weil wir im Team gut miteinander klarkommen, auch in schwierigen Situationen, hilft uns das, andere dabei zu unterstützen, auch Verantwortung zu übernehmen. Das spüren unsere Kunden und Partner.

Welche persönlichen Eigenschaften waren auf dem Weg zu Nachhaltigkeit wichtig?
Da ist viel intrinsisches Verantwortungsgefühl. Ich möchte gerne dazu beitragen, dass meine Kinder und nachfolgende Generationen einen lebenswerten Planeten haben. Ich will alles in meiner Macht Stehende dazu tun, dass es hier eine Zukunft für alle Menschen gibt.

Personal Leadership oder warum es bei Nachhaltigkeit auf Dich ankommt

Hand auf's Herz, wie geht es Ihnen vor Ihrem Nachhaltigkeits-Marathon? Nachhaltigkeit einzuführen ist keine Selbstverständlichkeit, insbesondere in klassisch aufgestellten Unternehmen. Der Gegenwind, den viele Führungskraft erfahren, kann zu Selbstzweifeln führen. Die Umsetzung erfordert also Durchhaltevermögen und Disziplin. Hier hilft es, sich selbst gut zu führen.

Das Konzept des **Personal Leaderships** (auch Self-Leadership) wurde durch den Management-Vordenker Peter Drucker weltbekannt. Zentral war die Aussage:

> „Nur wenige Führungskräfte sehen ein, dass sie letztendlich nur eine Person führen müssen. Diese Person sind sie selbst." **Peter Drucker** (Drucker 2002).

Unsere eigene Haltung, unsere Gedanken und Gefühle sind die **Basis für das eigene (Führungs-) Verhalten.** Es ist es das eigene Verhalten, das die gewünschten Wirkungen im Unternehmen ermöglicht (oder eben nicht…).

Personal Leadership grenzen wir von **„Selbstmanagement"** ab, das auf Techniken der Planung, Steuerung und Kontrolle basiert. Seit Jahren ist die Liste mit entsprechenden Instrumenten und Checklisten angewachsen. Hierzu gehören Zeitmanagement, systematische Zielbildung, Aufgabenpriorisierung oder die Steuerung persönlicher Ressourcen.

Personal Leadership, oder die „Selbst-Führung", basiert auf unserer Persönlichkeit. Fragen zur eigenen Haltung, dem Umgang mit eigenen Gedanken und Gefühlen stehen im Vordergrund. Die Bedeutung dieser „soft factors" hat in den letzten Jahren noch einmal deutlich zugenommen. Unserer Einschätzung zufolge wurde dieser Trend auch durch die Neurowissenschaften in beeindruckender Weise bestätigt.

W. Zimmermann et al., *Sustainability Leadership*, essentials, https://doi.org/10.1007/978-3-658-44329-0_6

Anders als früher angenommen, ist **(Selbst-)Führung erlernbar.** Es ist nicht so, dass Menschen „von Natur aus" charismatische Führungspersönlichkeiten sind. Kommunikative und soziale Fähigkeiten können, auch im fortgeschrittenen Alter, noch trainiert werden. Die **Plastizität** des Gehirns, also dessen Veränderbarkeit und Anpassungsfähigkeit, ermöglicht dies. Erlernt werden diese Fähigkeiten im sozialen Umgang, auch über Trainings oder Coaching. Jedoch gibt es Grenzen, z. B. durch ausgeprägte Persönlichkeitsstrukturen oder Umweltfaktoren. Dies kann jeder bestätigen, der schon einmal nach einem Zeitmanagementseminar wieder zurück in den Betrieb gekommen ist.

Die nachfolgend beschriebenen Faktoren des Personal Leaderships (vgl. Abb. 6.1) sollen eine Selbstprüfung ermöglichen, im Sinne von „Wo stehe ich?". Darüber hinaus werden Impulse gegeben, wie relevante Kompetenzen für Personal Leadership weiterentwickelt werden können.

6.1   Was sind meine eigenen Werte?

„Man muss schon wollen. Ohne das klappt es nicht."

Dies war die Aussage einer unserer Interviewpartner, der erfolgreich ein Unternehmen in die Nachhaltigkeit geführt hat. Ob wir uns dessen bewusst sind oder nicht, unser Handeln ist durch die eigenen inneren **Werte** und damit verbundenen **Denkmuster** geprägt. Diese bedingen, ob wir etwas gut finden (und daher dafür motiviert sind), oder ob wir etwas ablehnen. Werte helfen uns, Ereignisse des täglichen Lebens zu „bewerten" und ermöglichen damit auch Arbeitsteilung in Organisationen und der Gesellschaft.

Die **Bewertungsskala** reicht von „gut" (und „hilfreich") über „gleichgültig" zu „ablehnend". Leider führt dies nicht selten zu **Wertekonflikten:** ich will möglichst einen (A) hohen beruflichen Erfolg, aber auch (B) viel Zeit mit meinem Partner/Familie, und eigentlich passt das nicht zusammen.

Schon das Wort „Nachhaltigkeitstransformation" und dessen Bewertung macht deutlich, dass Wertehaltungen oft mit Wertekonflikten, aber auch mit **Emotionen** verknüpft sind. Manche freuen sich auf einen (wertegetriebenen) Veränderungsprozess, bei anderen wirkt schon der Begriff schweißtreibend.

Warum ist das von Bedeutung? Die eigene **innere Einstellung zum Thema Nachhaltigkeit** ist eine wichtige Grundlage für die Glaubwürdigkeit und Wirkkraft, mit der das Team begeistert werden kann. Der Vertriebsleiter, der nicht

Abb. 6.1 Faktoren des Personal Leaderships

voll hinter seinem ökologischen Produkt steht, kann das Vertriebsteam nicht überzeugen.

Darüber hinaus ist die **Vorbildfunktion** von Führungskräften ausgeprägter, wenn Handeln und Worte in Bezug auf die anstehenden Maßnahmen übereinstimmen. Das gilt im Bereich Nachhaltigkeit noch mehr als in anderen Bereichen. Wer die betriebliche Fahrzeugflotte reduziert und sein eigenes Mobilitätsverhalten auch anpasst, ist überzeugender.

Hier hilft eine **Reflexion** der eigenen Ansichten; was heißt, die inneren Bilder und Werte weiterzuentwickeln. Das antike Prinzip „Erkenne Dich selbst!" ist eine gute Grundlage, Blockierungen aufzulösen. Um sich nicht selbst im Wege zu stehen, ist eine innere Aushandlung notwendig. Man kann sich nur selten umprogrammieren und Werte wegdrücken, aber man kann Wertezuschreibungen hinterfragen und schauen, ob es einen gangbaren Mittelweg gibt.

Wir wollen an dieser Stelle nicht missionieren oder ideologische Richtungen vorgeben. Wir haben jedoch immer wieder beobachtet, wie wichtig ein **inneres Ausrichten der Werte** ist. Sich widersprechende Glaubenssätze und Werte führen zu Denk- und Handlungsblockaden (Bordt 2023).

Mit welchen Fragen kann dieses innere Ausrichten der Werte erfolgen?

- Wie sehe ich das Thema Nachhaltigkeit?
- Wo spüre ich „Handlungsenergie" und Engagement?
- Wo führt der Gedanke an Nachhaltigkeitsmaßnahmen hingegen zu Müdigkeit oder Panik?
- Sind die jeweiligen Gefühle stimmig mit der Botschaft, die ich vermitteln möchte?
- Falls ja: herzlichen Glückwunsch! Falls nein, welche Werte, Gedanken, Motive etc. widersprechen sich? Was steht dem eigenen Engagement entgegen?

6.2   Wie steht es mit meiner Offenheit?

Die notwendige Öffnung der Unternehmen führt bei Führungskräften zu Stress. Die **(auch gesetzlich) erzwungene Transparenz** läuft der bisherigen Mittelstandskultur zuwider. Dürfen die hidden champions in Zukunft nicht mehr „hidden" sein? Hier prallen Wertehaltungen und Überzeugungen aufeinander. Werden diese nicht geklärt, wird keine Zusammenarbeit möglich. Es geht bei Nachhaltigkeit neben technischen Optimierungen eben auch um Transparenz und einen neuen sozialen Dialog. Dieser kann nicht nur über Excel und PowerPoint gelöst werden.

Wie kommt man hier voran? Zunächst gilt die Maxime: **„Orientierung schafft Vertrauen".** Das heißt, eine gegenseitige Aufklärung bezüglich der neuen Anforderungen (gesetzliche Regelungen, Marktbedingungen) sind eine Basis für den Anfang. Die Frage des „Warums" ist hier besonders wichtig. Hier sind Führungskräfte gefordert, ein Verständnis für die anderen Perspektiven zu schaffen. Die unterschiedlichen internen und externen Ansprechpartner können so in den Dialog kommen.

Ein Interviewpartner setzt für diesen Zweck auf längerfristige Beziehungen zu Lieferanten und Kunden: „Das Vertrauen ermöglicht es uns, Probleme offen anzusprechen. Wir arbeiten schließlich schon viele Jahre zusammen."

In einem zweiten Schritt werden **neue gemeinsame Wertehaltungen** erarbeitet. Wie positionieren wir uns mit internen (und externen) Schlüsselakteuren zur

Nachhaltigkeit? Hier ist die Kunst gefordert, die neue Perspektivenvielfalt auszuhalten! Denn Sichtweisen auf das Querschnittsthema Nachhaltigkeit können sehr unterschiedlich sein:

- Finanzcontrollern geht es um die finanzielle Rendite und ökonomische Nachhaltigkeit;
- Interne Juristen fokussieren auf die Einhaltung von Gesetzen und Verordnungen;
- Technikern ist an einer innovativen technischen Umsetzung gelegen;
- Externe Aktivisten fordern eine Reduktion der Emissionen;
- Kunden pochen auf hohe Service- und Produktqualität, andere auf ethische Standards.

Ein **pro-aktiver Austausch im Team** ermöglicht es, zu gemeinsamen Orientierungen und einem gemeinsamen Zielbild zu kommen. Es hilft auch dabei, die unterschiedlichen Sprachen (Definitionen) und Logiken der Anspruchsgruppen in einen Dialog zu bringen.

Personal Leadership bedeutet hier, in der Lage zu sein, eine **integrative Moderatorenrolle** einzunehmen, die möglichst viele Stimmen aktiv einbindet. Hierzu hilft es, einen Schritt zurückzutreten, offen zu bleiben und ein „Anwalt der Ambivalenz" zu sein.

In Bezug auf Ihre Offenheit können Sie sich fragen

- Welche internen und externen Anspruchsgruppen habe ich?
- Wie denke und fühle ich angesichts der Perspektivenvielfalt? Betrachte ich die Welt auch aus Sicht der anderen?
- Wie geht es mir mit diesen Positionen? Kann ich gelassen bleiben oder werde ich ungehalten (zur emotionalen Regulation siehe Abschn. 6.4).
- Wie bereite ich mich auf den Dialog vor; was ist eine angemessene integrative und moderierende Rolle für mich?
- Wo sind auch meine Grenzen?

6.3   Wie gehe ich mit Widersprüchen um?

Die Fischer AG ist ein mittelständisches Unternehmen und produziert Verpackungsmaterialien. Bislang war wirtschaftliche Effizienz eine klare Priorität. Kritische Anteilseigner einer Beteiligungsgesellschaft fordern nun aufgrund des Reputationsrisikos, strenge Zielindikatoren für ESG einzuführen. Der Gründer, Herr Fischer, ein agiler Mittfünfziger, ist hin- und hergerissen. Er hat sich über die Jahre an den Erfolgskurs und gute Renditen gewöhnt. Die Umstellung der Produktion kostet viel Geld. Mitarbeitende müssten umgeschult werden und sind auch nicht begeistert von diesen Veränderungen. Über viele Monate steht Herr Fischer zwischen den Fronten. Er ist zunehmend angespannt und hat schlaflose Nächte. Die inneren Widersprüche arbeiten in ihm.◄

Die Nachhaltigkeitstransformation erfordert ein Umdenken. Transformation ist ein Weg weg von bestehenden Gewohnheiten (Modus „A") hin zu neuen betrieblichen Routinen (Modus „B"). Bislang werden Abfälle entsorgt. Die neuen Richtlinien erfordern, Abfälle als Ressourcen zu sehen und dem Wertstoffkreislauf zuzuführen.

Man kann sich nicht zu „B" hinbewegen, ohne „A" zu verlassen. Die Gewohnheit, die funktionierenden betrieblichen Routinen und die Kostenstruktur sind starke Argumente dafür, die Abfälle weiterhin zu entsorgen.

Die wahrgenommenen Widersprüche, auch **„kognitiven Dissonanzen"** genannt, können (auch physisch!) schmerzhaft sein. Es ist unangenehm, wenn die neuen Gesetze und Verordnungen (noch?) keinen Sinn ergeben und man nicht weiß, wie das Ganze gelöst werden soll. So wird es manch einer Führungskraft gehen, die sich dem Wust an Dokumentationspflichten zur Nachhaltigkeit gegenübersieht.

Erfolgreiches Leadership erfordert **Ambiguitätstoleranz.** Dies bedeutet, unterschiedliche und sich widersprechende Botschaften (gerade auch innerlich) aushalten zu können. Dies ist in Umbruchphasen und bei der Einführung von Nachhaltigkeitsmaßnahmen wichtig. Es gibt nicht immer die eine Lösung, oftmals sind längere Aushandlungsprozesse notwendig. Führungskräfte mit Ambiguitätstoleranz können Spannungen besser aushalten und den Lösungsprozess wirkungsvoller steuern. Ambiguitätstoleranz ist auch eine wichtige Grundlage für Konfliktfähigkeit; es gilt, sich nicht vor Konflikten wegzuducken bzw. „um den heißen Brei herumreden".

Personal Leadership bedeutet an dieser Stelle, sich der Widersprüche bewusst zu werden, zu erkennen, was nicht zusammenpasst und vor allem: das Ganze auch auszuhalten.

Dabei hilft es, einen Schritt zurückzutreten und automatisierte emotionale Reaktionen und Entscheidungen zu vermeiden. Es bedeutet auch, **Konflikte pro-aktiv (!)** anzugehen.

> ▶ **Unsere Erfahrung**
> Die Nachhaltigkeitstransformation bringt – wie jeder erfolgreiche organisatorische Wandel – immer Konflikte mit sich. Konflikte können jedoch der Ausgangspunkt für innovative Lösungen sein. Hier helfen kreative Lösungs- und Aushandlungsprozesse.

Die Identifikation Ihres „Ambivalenz-Typs" hilft Ihnen zusätzlich, ihr Denk- und Entscheidungsverhalten in den Reflexionsprozessen zu klären. Sind Sie der Entweder-Oder-Typ oder ein Spezialist für das Infragestellen? Dann holen Sie sich systematische Ambivalentsbewältiger ins Team! Es gibt Unternehmen, die Teams bewusst mit „Infragestellern" (als „des Teufels Anwalt") besetzen.

Selbstcheck: Welcher Ambivalenztyp bin ich?

Wie halte ich es mit Mehrdeutigkeiten und Widersprüchen? Am besten hilft ein Blick darauf, wie Sie durchs Leben gehen:

1. Liebe ich Eindeutigkeit und klare Aussagen, bin ich also ein *Entweder-oder-Typ?* Bezeichnend dafür ist der Spruch: „Ein bisschen schwanger geht nicht!" Oder auch: „Wer nicht für mich ist, ist gegen mich." Wenn es viele Weggabelungen gibt, erzeugt das bei mir eher Unbehagen oder Überforderung.
2. Bin ich der *systematische Ambivalenzbewältiger* mit einem gut gefüllten Werkzeugkasten – mit Analysen, Risikoüberlegungen und Modellen, Kriterienkatalogen, Algorithmen und Beratungsexpertisen? Bezeichnend wäre der Satz: „Das Leben ist zwar kompliziert, aber mit Werkzeugen und Analysen kann ich es bewältigen."
3. Oder bin ich *Spezialist fürs Anders-Denken und Infragestellen,* für das Über-Grenzen-Gehen? Ich liebe Ungewohntes, Experimente und Neuerfindung, verbunden mit einer Suche nach Ambivalenz. Zweifel stören mich nicht. Bezeichnend ist: Ich bringe andere durch Fragen immer wieder auf die Palme, spiele mit der Fantasie: „Was wäre, wenn...".

6.4   Was ist mit den Emotionen?

Bei der Nachhaltigkeitstransformation kann es zu intensiven Meinungsverschiedenheiten kommen:

- Weniger Fleisch in der Kantine?
- Der Rasen soll weniger gemäht werden?
- Der Fuhrpark wird umgestellt?
- Neue Technologien werden eingeführt?

Zwischen Befürwortern und Ablehnern derartiger Maßnahmen können sich Gräben auftun; es geht hoch her mit den Emotionen. Bei einem unserer Interviewpartner gab es für seine Kreislaufidee, Wasserzähler zu recyclen, erst einmal Gegenwind: „Wir können unseren Kunden doch keinen Schrott verkaufen."

In Zeiten des Umbruchs werde ich **aus meiner Komfortzone** herauskatapultiert. Unterschiedliche Meinungen prallen aufeinander. Meine Handlungsrezepte greifen nicht mehr. Es gibt keine Sicherheiten mehr und ich fühle mich weniger kompetent. Mein Gefühl der **Selbstwirksamkeit** ist nicht mehr spürbar; ich stehe unter Stress.

Stress ist überlebenswichtig! Der Herzschlag beschleunigt sich, Adrenalin wird ausgestoßen, die Muskeln spannen sich an. Die Handlungsenergie steigt. Man ist bereit zum Angriff. Ohne diese Reaktionen hätte die Menschheit nicht überlebt. Neben dem Angriff ist der Fluchtimpuls ein wichtiges Reaktionsmuster. **Die Kampf-Flucht-Reaktion (flight or fight) ist eng mit Stress verbunden.** Wenn sich Flucht- oder Angriffsreaktion chronifizieren, wird es problematisch für die Gesundheit.

Die meisten Führungskräfte haben im Laufe ihres Reifungsprozesses gelernt, sich selbst zu regulieren. Das bedeutet, in einer Krisensituation, einem Konflikt, oder einer fordernden Situation in Balance zu bleiben. Wir alle kennen jedoch Dreijährige, wie sie sich auf den Fußboden werfen, wenn es nicht ihr Lieblingsessen gibt. Bei Umbruchsituationen können auch reife Führungskräfte derartige Impulse bekommen, wie in unseren Interviews bestätigt wurde. Hier ist **Selbstregulation** gefordert!

Die **bisherigen Haltungen und Praktiken** waren im Regelfall Bestandteil des oftmals jahrzehntelangen **Erfolgsmodells.** Ihre gegenwärtigen Handlungsroutinen und Denkmuster sind so geworden, da sie erfolgreich waren, zumeist jedoch in der Vergangenheit. Es ist gut, dass Sie sich mit den bisherigen Produkten und

Lösungen auch identifizieren. Es kann, auch für die Mitarbeitenden, schmerzvoll sein, sich von diesen zu trennen. Ohne emotionale Identifikation gäbe es auch weit weniger Leistungsbereitschaft. Dies gilt auch für technische Leistungen (Verbrennermotor, wasserabweisende Textilien, kunstvolle Verpackungen). Manchmal haben die emotionalen Identifikationen auch eine **ideologische Qualität** in die eine oder andere Richtung („Öko-Spinner" vs. „Ewig-Gestrige"), was es dann noch schwerer macht, damit umzugehen.

Was bedeutet Personal Leadership in diesem Kontext? Zum einen können Sie als Führungskraft mit Selbstregulation besser mit schwierigen und stressigen Situationen umgehen. Ein weiterer Faktor darf jedoch nicht unterschätzt werden. Führungskräfte sind gruppendynamisch gesehen Alpha-Tiere, die mit einer **Vorbildfunktion** vor der Gruppe stehen. Ihr Wort zählt im Betrieb! Dies gilt jedoch nicht nur für das Wort, sondern auch für ihre Haltung und ihren Gemütszustand. Ist eine Führungskraft aufgeregt; schimpft und wird laut, dann kann sich die **nervliche Erregung** auf das Team übertragen. Umgekehrt gibt es eine hohe Wirkkraft „regulierter", also ausgewogener Nervenkostüme. Wenn Sie als Führungskraft an sich arbeiten, wirkt das auch auf die Mitarbeitenden. Konflikte und Meinungsverschiedenheiten lassen sich dann reibungsloser klären. Für das Ausbalancieren der eigenen Emotionen geben wir nachfolgend in der Toolbox einige Empfehlungen.[1]

Kleines Trainingscamp für Emotionen

1. **Reflexion:** Überlegen Sie, welche kritischen Situationen Sie aufregen.
2. **Wecksignale:** Bleiben Sie emotional „wach" in schwierigen Situationen (erfordert etwas Übung). Mit der Zeit werden Sie immer besser und frühzeitiger wahrnehmen, wenn eine Situation „gleich" eskaliert.
3. **STOP-Mechanismus:** Sobald Sie spüren, dass Ihre Gefühle hochkochen oder anderes, nachteiliges Verhalten mit negativen Konsequenzen droht, geben Sie sich ein „Stop-Signal". Dies können eine Bewegung, eine Vorstellung, ein Satz oder das innere Wort „STOP" sein.
4. **Zeit nehmen:** Versuchen Sie auf geeignete Weise, den Prozess zwischen Gefühl und einer Reaktion darauf zu verzögern. Dies können tiefe Atemzüge, eine kurze Pause, ein Spaziergang sein. Dies trägt dazu bei, dass sich Ihre Gefühle wieder normalisieren.

---

[1] Zur Vertiefung siehe Storch und Krause 2005

5. **Rückschau:** Versuchen Sie am Tag danach zu reflektieren, was genau passiert ist. Was hat Sie (warum) provoziert? Wie würden Sie eigentlich gerne reagieren?

6. **Neue Routinen verankern:** Versuchen Sie, Schritt für Schritt neue Reaktionsmuster und Routinen zu schaffen. Suchen Sie nach Vorbildern und Erinnerungshilfen für das gewünschte alternative Verhalten.

6.5   Bin ich angemessen authentisch?

Wie sage ich es der Belegschaft? Wie überzeuge ich die nachfolgende Führungsebene? Die kleine Fragenliste zur „Nachhaltigkeitswende" wird Sie schneller zu einer Antwort bringen:

Fragen zur eigenen Haltung zu Nachhaltigkeit

- Wovon bin ich selbst innerlich überzeugt?
- Was sind meine Werte?
- Wie geht es mir mit dem Thema tief innen?
- Warum berührt mich das Thema Nachhaltigkeit?

Führungskräfte sollten sich diese Fragen **vor** den ersten Gesprächen über Nachhaltigkeit stellen. Wer sich zunächst selbst diese Fragen beantwortet, kann überzeugende Botschaften finden.

Der Schlüssel zur erfolgreichen Nachhaltigkeitskommunikation liegt darin, **als Mensch spürbar** zu werden. Offenheit, ja sogar eine gewisse Verletzlichkeit überzeugt.

Es gilt das alte Change-Credo: „**Kommuniziere 100 Mal mehr** als Du denkst, es sei nötig – und Du liegst wahrscheinlich richtig".

Noch wichtiger als die Kommunikation sind die Erfahrungswerte, die Führungskräfte und Mitarbeitende machen, wenn sie **gemeinsame praktische Erfahrungen** machen, zum Beispiel **im Rahmen von Pilotmaßnahmen.**

Wenn es um Gefühle und Haltungen geht, sind **Bilder und Symbole** wichtig. Der Grund, dass in Politik und Religion viel auf symbolischer Ebene kommuniziert wird, liegt in deren Wirksamkeit.

Beispiel für selektive Authentizität

Herr Friedrich, exponierte Führungskraft in einem großen mittelständischen Unternehmen mit 6000 Mitarbeitenden, spricht auf der Jahreskonferenz. Er findet angesichts der Umwälzungen persönliche Worte: „Auch ich bin angespannt. Sie kennen mich alle, wie das aussehen kann. Ich bin durch einen intensiven Prozess der Selbstaufklärung gegangen. Ich kenne meine sogenannten Schwachpunkte." Es ist mucksmäuschenstill im Saal. Herr Friedrich spricht weiter: „Ich habe gelernt, meine Themen anzuschauen und anzunehmen. Und wenn ich merke, das Programm fängt wieder an, dann habe ich gelernt, mich zu bremsen." Ein weiteres, nachdenkliches Schweigen und eine Bewegtheit ist im Raum spürbar, bevor die weiteren Zukunftspunkte besprochen werden. ◄

Authentizität bedeutet nicht, umfassend „offen" zu sein. „Selektive Authentizität" ist gefragt. Herr Fischer äußert nicht, dass er ernsthafte Geschäftsrisiken sieht. Aber er lässt sich in einer gewissen Bandbreite in die Karten schauen. Vor allem ist die Rede von ihm selbst (und nicht von einem Redenschreiber) verfasst.

Wenn Sie Ihre eigene Botschaft in Worte fassen, können Sie sich daher folgende Fragen stellen:

Fragen zur selektiven Authentizität

- Wo liegt Ihre Komfortzone?
- Was würden Sie gerne von sich zeigen?
- Wo waren Sie mal mutig und verrückt?
- Was wollen Sie kommunizieren? Warum?
- Von welcher Zukunft träumen Sie?
- Wie wollen Sie die Botschaft verpacken, in welche Form, mit welchen Worten?
- Was berührt Sie, wo wollen Sie berühren?

6.6 Wie steht es mit Zuversicht und Mut?

Zuversicht und Mut auszustrahlen, ist eine grundlegende und zugleich die persönlichste Eigenschaft einer erfolgreichen Führungskraft auf dem manchmal steinigen Weg zur Nachhaltigkeit. Durch sie wird in vielen Unternehmen bzw. Abteilungen ein Impuls zum Voranschreiten gegeben. Unsere Workshop-Erfahrung mit Frau Karl zeigte, was passiert, wenn es an Mut und Zuversicht mangelt:

Beispiel für mangelnde Zuversicht

Ein Energiedienstleister lädt zu einer Multi-Stakeholderkonferenz ein. Herr Karl moderiert die Kleingruppe „Technische Innovationen". Während die Nachbartische spannende Lösungen erarbeiten, verfällt seine Kleingruppe in eine Negativspirale. Am Ende gibt es kaum Ideen. Was ist passiert? Während andere Moderatoren den Dialog mutig vorangetrieben haben, bleibt Herr Karl in einer kritischen Haltung gefangen. Es fehlt die aktivierende Kraft einer optimistischen Führungsperson.◄

Herr Karl bezog keine eigene Haltung und widersprach Aussagen nicht wie „Das funktioniert doch nie!" Er stimmte ein in den Chor der Kritiker und Zyniker. Verantwortung als Führungskraft zu übernehmen, heißt hingegen, sich an dieser Stelle nicht anstecken zu lassen. Es gilt, die Diskussion **aktiv auf Themen zu lenken, die im Hier und Jetzt und im eigenen Verantwortungsbereich gestaltbar sind.** Es bedeutet, das halbvolle Wasserglas (statt dem halbleeren) sehen zu können.

Es geht hier nicht darum, Jubelveranstaltungen zu fordern, wie manche Vertriebsversammlungen noch durchgeführt werden (Stichwort: „Tschaka!"). Wir reden auch nicht von Helden, die sich im stillen Kämmerlein ihre Botschaft überlegen, um diese dann „ihrer Mannschaft" zu verkünden. Das „heroische" Management ist Geschichte.

Wir regen hingegen an, die eigene Rolle im Team zu beobachten und zu hinterfragen. Schaffe ich einen Raum der Zuversicht? Welchen Zungenschlag habe ich? Erzeuge ich hinreichend Hoffnung? Verbreite ich Mut, dass wir die Transformation zur Nachhaltigkeit schaffen können?

Die Erwartungshaltung von Führungskräften ist einer der Schlüsselfaktoren für den Erfolg der Mitarbeitenden: unterstützende freundlichen Augen, welche die Angst nehmen und sagen: „Du schaffst das schon!" Das steigert bei Mitarbeitenden das Gefühl der Selbstwirksamkeit und damit die Leistungsfähigkeit. Nicht ohne Grund war bei Vaude einer der zentralen Pfeiler der Nachhaltigkeitswende eine breit angelegte Initiative, um die Selbstwirksamkeit aller Mitarbeiter zu fördern (vgl. Kap. 5).

Der Chef als Moderator hört mehr zu. Dialog ist für ihn der zentrale Hebel, um Zuversicht und Mut zu verbreiten. Dabei helfen der eigene Witz und Selbstironie.

Man darf ruhig auch selbstkritisch sein, was als Zeichen einer sympathischen Demut verstanden wird. Dies stärkt die menschliche Akzeptanz und Bindung mit dem Team.

Folgende Fragen sollen Ihnen helfen, die zentralen Eigenschaften Zuversicht und Mut in sich zu entdecken und (besser) zu kommunizieren.

Fragen zu Zuversicht und Mut

1. In welchen Bereichen spüren Sie **Mut und Zuversicht**? Erstellen Sie eine Liste!
2. Wo haben Sie noch **Bauchschmerzen** bzw. **negative Überzeugungsmuster**?
3. Für welche (auch schwierigen) Situationen, dienstlich wie privat, sind Sie im Leben **dankbar**? Welche davon können Sie kommunizieren?
4. Welche **Worte und Bilder** finden Sie dafür? (Was wären für Sie geeignete Wege, mutmachende Bilder zu verinnerlichen und weiterzugeben?)

„Man muss schon wollen" – Interview Johannes Oswald, Oswald Elektromotoren

Inhaber und Geschäftsführer Oswald Elektromotoren GmbH in Miltenberg, ca. 400 Mitarbeiter, Träger des DBU Deutschen Umweltpreises 2017 (Abb. 7.1).

Wie ist es dazu gekommen, dass Sie und Ihr Unternehmen sich auf den Weg Richtung Nachhaltigkeit gemacht haben?

Ich bin die 4. Generation eines Familienunternehmens, aber ich bin in einer Zeit groß geworden, in der die grüne Idee interessant und wichtig geworden ist. Aus meiner Familie heraus war auch der soziale Gedanke wichtig. Das heißt, ich war als junger Mann einerseits im grünen Bereich engagiert und andererseits in der Entwicklungshilfe. Das hat mich geprägt und ich bin dann erst mit 32 in unser Unternehmen eingestiegen. Nachhaltigkeit war für mich wichtig, das ist ein tolles Thema.

Ich habe eine sehr gute Beziehung gehabt zu meinem Vater und alles, was ich angefangen habe, durfte ich auch machen. Das war ein riesiger Vorteil für mich. Als erstes habe ich einen Abbrennofen gekauft, um mit 99,99 % Luftnachverbrennung die Ökologie zu verbessern. Ich habe 10 Monate gebraucht. Die Nachbargemeinde hat gesagt, niemals werden wir eine Müllverbrennungsanlage neben unserer Gemarkung zulassen. Nach 10 Monaten habe ich das Ding dann gekauft. Wurscht, wenn ich keine Genehmigung krieg, dann mache ich es trotzdem. Und dann kam die Genehmigung. 5 Jahre später wurden solche Anschaffungen dann von der Genehmigungspflicht gestrichen. Das war mal ein Stück Bürokratieabbau.

Dann haben wir uns mit Nachhaltigkeit immer mehr beschäftigt und aus den Einzelmaßnahmen sind dann verschiedene Dinge entstanden. Ich habe, glaube ich, das erste Elektroauto im Landkreis gefahren, ich habe die erste Windkraftanlage beantragt und ich habe die erste große Solaranlage auf meinem Dach gehabt in

Abb. 7.1 Johannes Oswald

der Firma. Wir haben dann auch früh mit Qualitäts-, Umwelt- und Energie-Audits angefangen und dadurch auch 2017 den Umweltpreis bekommen.

Mein Blick ist ehrlicherweise ein bisschen größer als mein Unternehmen, würde ich behaupten, denn ich bin auch sehr aktiv in der DIHK, in wirtschaftspolitischen Arbeitskreisen, die ich in der Region leite.

Was sind Ihre Empfehlungen für das Führen von Nachhaltigkeit?
Ich bin jetzt Elektromotorenbauer; ein Teil des Problems und auch ein Teil der Lösung. Ich bin mit meiner Firma auf dem Weg der Nachhaltigkeit und die ruht für mich auf den drei Säulen Ökonomie, Ökologie und Soziales. Neben der Ökologie gehört daher für mich zu Nachhaltigkeit:

Die Ökonomie muss erstmal stimmen. Dazu habe ich eine Zeit lang gebraucht. Wenn ich nichts verdiene, kann ich auch kein Geld für Nachhaltigkeit ausgeben. Wir sind in der glücklichen Lage, dass bei mir keine Bank mehr mitredet, schon lange nicht mehr. Wir haben auch keinen Shareholder hinten dran, der sagt, hier muss der Umsatz erhöht werden. Wir haben dadurch die große Freiheit, auch manchmal zu Kunden Nein zu sagen. Dennoch machen wir manches, was ich gerne nicht machen würde. Wenn ich einen Kunden bediene, kann ich nicht sagen, für das Projekt kriegst du was, fürs nächste nicht. Da sind also mir auch Grenzen gesetzt, sonst muss ich aufhören Unternehmer zu sein

Die Frage des Sozialen hat mich mein Leben lang begleitet. Ich mag die Menschen und ich sorge dafür, dass es den Menschen in meinem Laden gut geht. Das ist mir ein großes Anliegen. Wir machen tolle Projekte für unsere Auszubildenden, wir sorgen dafür, dass es den Mitarbeitern in der Firma gut geht, nicht nur finanziell. Das Ergebnis ist, dass wir einen guten Ruf haben, wir haben keine Nachwuchsprobleme. Das liegt auch daran, dass meine Mitarbeiter nur aus der Region stammen. In der Region machen wir auch Werbung, wir unterstützen soziale Projekte. Wer bei uns eine Ausbildung machen kann, der sagt bei größeren Firmen in der Umgebung ab. Wer hier anfängt, bleibt typischerweise bis zu seinem Arbeitsende bei uns.

Die eigene Begeisterung ist wichtig, aber auch die Überzeugung der Mitarbeiter. Die auch mitzunehmen und sie mit pragmatischen, verständlichen Lösungen anzusprechen. Das heißt, wenn die Leute das nicht verstehen, wenn sie nur die bürokratischen Varianten bekommen, dann wird es uninteressant.

Aber es sind ja viele auch interessiert. Ich glaube, es geht eher darum, das Interesse zu wecken und natürlich auch die zu nehmen, die dann Interesse haben und ihnen auch eine Verantwortung zu geben. Da habe ich auch manchmal danebengegriffen, das dann aber auch wieder korrigiert.

Welche persönlichen Eigenschaften waren auf dem Weg zu Nachhaltigkeit wichtig?

Das Thema Nachhaltigkeit macht mir einfach total Spaß. Das ist für mich ein wesentlicher Punkt. Es geht um Motivation. Man muss schon wirklich wollen. Meine eigene Begeisterung ist die Chance, meine Mitarbeiter mitzunehmen.

Wir sind natürlich auch nur Menschen – ich auch - und da geht auch manches schief. Wir müssen immer wieder nachbessern und optimieren und versuchen, die richtige Balance zu finden, wie eine Firma einerseits erfolgreich ist und andererseits möglichst menschlich mit den Mitarbeitern umgeht.

Ich habe erst mal Selbstvertrauen finden müssen. Früher bin ich teilweise nicht durchgekommen mit meinen Ideen. Auch in meiner Firma nicht. Aber das hat sich Stück für Stück verändert.

Die Kunst der Nachhaltigkeits-Transformation – Unternehmertum 2.0

8

Transformation? Eine Kunst? Ist das nicht Change-Management; alter Wein in neuen Schläuchen? Das Wort Change wird vielfach verengt angewendet, bedeutet es doch: „Mehr vom Selben!" Um es in einem Bild auszudrücken – die Raupe bleibt eine Raupe. Sie ist nur etwas bunter, schneller oder ändert die Richtung. Aber sie bleibt halt eine Raupe! Die grundlegende Identität und Form der Raupe ändern sich nicht.

Anders bei einer tiefgreifenden Transformation. Das würde aus der Raupe einen Schmetterling machen. Für das, was in Bezug auf Nachhaltigkeit vor uns liegt, sei es als Gesellschaft oder in vielen Organisationen, halten wir daher den Begriff der Transformation in vielen Fällen für angemessener. Eine tiefgreifende Transformation von Unternehmen in Richtung Nachhaltigkeit ist eine anspruchsvolle Sache: in oft unbekanntem Gelände, nicht exakt planbar, bedingt einsehbar und mit zumeist mehrdeutigen Situationen.

Durch die Transformation zu führen, ist eher eine Kunst als ein Managementprozess. Führungskräfte benötigen Weitblick und verschiedene Disziplinen, um das Geschäftsmodell wirtschaftlich erfolgreich und sozial verträglich voranzubringen. Gleichzeitig muss Energie für das Betreten unbekannten Terrains aktiviert werden. Nachfolgend beschreiben wir zwei unterschiedliche Wege, diesen Weg zu beschreiten.

© Der/die Autor(en), exklusiv lizenziert an Springer Fachmedien Wiesbaden GmbH, ein Teil von Springer Nature 2024
W. Zimmermann et al., *Sustainability Leadership*, essentials,
https://doi.org/10.1007/978-3-658-44329-0_8

8.1   Klassisches Management: lineare und kausale Steuerung

Viele Ratgeber behandeln Nachhaltigkeit analog zu anderen Managementaufgaben. Der Fokus liegt auf der Bestandserhebung, einer systematischen Planung, dem Aufsetzen einer Nachhaltigkeitsorganisation etc. Der Ansatz ist dabei, das Thema Nachhaltigkeit sachlogisch abzuarbeiten. Dies betrifft u. a. den klassischen, linear-kausalen Managementprozess (Abb. 8.1). Auf Basis der Nachhaltigkeitsstrategie werden die notwendigen Ressourcen und Zeitpläne erstellt, die dann nur noch umgesetzt werden müssen. Soweit die Hoffnung.

Wir sehen eine Reihe von **Fallstricken** bei diesem Ansatz, insbesondere für familiengeführte mittelständische Unternehmen:

- **Paralyse durch Analyse:** Es werden zu viele Ressourcen in die Analyse gesteckt, so dass nur unzureichende Mittel für die Umsetzung der Nachhaltigkeitstransformation bleiben.
- **Mangelnde Andockung an die Identität des Unternehmens:** Reißbrettplanung am grünen Tisch, die vom Rest des Unternehmens nicht aufgegriffen wird.
- **Entwicklung nicht finanzierbarer oder leistbarer Pläne:** Es werden weitreichende Ziele erarbeitet, die sich dann dem Top-Management als nicht finanzierbar darstellen. Gleiches gilt für die Verwaltungsleitung, bei der sich viele nachhaltigkeitsrelevante Aufgaben bündeln (Fuhrpark, Kantine, Liegenschaftsmanagement). Der Forderungskatalog wird als nicht umsetzbar dargestellt und abgelehnt. Es kommt zu Frust auf allen Seiten.
- **Solide Analyse und detaillierte Planung,** die, endlich fertiggestellt, schon **von der Realität überholt** wurde und wieder über den Haufen geworfen werden muss.

Abb. 8.1   Linear-kausaler Managementprozess

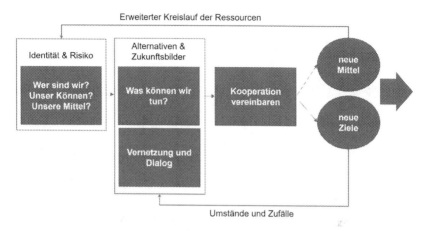

Abb. 8.2 Effectuation-Prozess (Modifikation nach Sarashathy 2009, S. 101)

> **Leitfäden für Nachhaltigkeits-Management**
> Selbstverständlich ist zur Umsetzung von Nachhaltigkeit neben der dynamischen Führung ein solides Management notwendig. Hier gibt es viele aktuelle und sektorspezifische Leitfäden für u. a. Wesentlichkeitsanalyse, Aufsetzen des Nachhaltigkeitsmanagements, der Berichterstattung etc., welche die einzelnen Handlungsschritte mit Checklisten beschreiben.

8.2 Dynamisches Unternehmer-Modell

Wir sehen das Führen von Nachhaltigkeit als Unternehmertum, als schöpferischen und gestaltenden Akt, Neues und Wertvolles in die Welt zu bringen, weit über den wirtschaftlichen Aspekt des Managements hinaus. Es geht auch darum, die Zukunft aktiv und selbst verantwortlich zu gestalten. Es geht darum, mit Risiko, Unsicherheit und Ungewissheit umzugehen[1].

Welche Stationen hat nun so ein unternehmerischer Prozess? Wir lehnen uns hier an das Konzept des Effectuation (Sarashathy 2001, Faschingbauer 2008), an, siehe Abb. 8.2.

---

[1] Siehe hierzu auch das Kapitel zu Umgang mit Nichtwissen Abschn. 4.3

Effectuation: Unternehmerisches Vorantasten

Effectuation ist für unsichere und intransparente Situationen geeignet und folgt vier Prinzipien:

1. **Prinzip der Mittelorientierung.** Der Unternehmer startet mit den verfügbaren Ressourcen und überlegt, welche Ergebnisse damit erzielt werden können. Dabei fokussiert er sich nicht auf ein bestimmtes Ziel, sondern ist offen für unterschiedliche Ergebnisse. Er achtet auf Veränderungen im gesamten Blickfeld und aktualisiert seinen Zielhorizont laufend auf der Basis neuer Daten.
2. **Prinzip des leistbaren Verlusts.** Der Unternehmer orientiert seinen Einsatz am leistbaren Verlust, nicht am erwarteten Ertrag. Er fragt sich: „Was ist mir der Versuch wert?" Ist der Einsatz tragbar, beginnt er zu handeln und entdeckt dabei Dinge, die anderen nicht zugänglich sind. Riskiert wird also nur, was man auch zu verlieren bereit ist. Ergebnis dieser Haltung ist eine Vorgehensweise in kleinen, schnellen Schritten. „Lieber rasch drei einfache Dinge ausprobieren, anstatt lange über den richtigen Weg nachdenken", lautet das Motto.
3. **Prinzip der Umstände und Zufälle.** Der Unternehmer nutzt Umstände, Zufälle und Ungeplantes als Gelegenheiten, anstatt sich dagegen abzugrenzen. Er ist in der Lage, aus dem, was ihm unterwegs an Unerwartetem begegnet, etwas Wertvolles zu machen. Er erkennt Gelegenheiten nicht nur, sondern versteht es, aus ihnen etwas zu machen.
4. **Prinzip der Vereinbarungen und Partnerschaften** mit denen, die im selben Gebiet unterwegs und mitzumachen bereit sind. Je nachdem, wer an Bord kommt und was derjenige mitbringt, kann das gemeinsame Vorhaben dann auch seine Richtung ändern.

8.2.1   Station 1: Identität und unternehmerisches Risiko

Aus unserer Erfahrung ist die eigene **Identität** ein wichtiger Erfolgsfaktor vieler mittelständischer, oft regional verwurzelter Unternehmen. Ein häufig bewährter Zugang ist die Frage, aufbauend auf dem oft Jahre zurückliegenden Gründungsimpuls, was dieser heute für das eigene Geschäftsmodell und den Kundennutzen bedeuten würde. Häufig ist dies die Geburtsstunde für ein **„Unternehmertum**

2.0", wie wir es formulieren. Damit einher geht zunächst auch die eigene Positionierung für Nachhaltigkeit, wie in Abschn. 3.1 vorgeschlagen.

> **Beispiel Phoenix Contact, Blomberg – Empowering the All Electric Society (Phoenix 2023)**
>
> Der **Gründungsimpuls** von Phoenix Contact war vor über 100 Jahren **der Eletrobedarfshandel** sowie bald darauf die Erfindung der Reihenklemme zur **Verbindung** von Elektrokabeln. Es folgten viele Meilensteine, wie die MKDS-Miniklemme und damit der Beginn der Ära des „grünen" Elektronik-programms. Damit wird bei Phoenix Contact die Grundlage für die industrielle **Vernetzung** geschaffen. 2023 dann eine neue Verbindung: Wegbereiter für die All Electric Society
>
> Elektrifizierung ist seit der Gründung im Jahr 1923 die Kernkompetenz von Phoenix Contact. Im 21. Jahrhundert engagiert sich Phoenix Contact als Wegbereiter der „All Electric Society", einer Zukunft, in der Energie aus erneuerbaren Ressourcen in ausreichender Menge und zu bezahlbaren Preisen zur Verfügung steht. Neben der konsequenten Erzeugung und Nutzung erneuerbarer Energien sind die Reduzierung des Primärenergiebedarfs durch Effizienzmaßnahmen und die Schaffung intelligenter und vernetzter Systeme der Schlüssel für eine nachhaltige Zukunft.
>
> Mehr als 20.000 Mitarbeitende und ein starkes Wachstum durch das breite Portfolio und Fokus aufs Lösungsgeschäft helfen bei der Umsetzung.
>
> **Die neue Vision: Empowering the All-Electric Society**
> Technische Lösungen für eine lebenswerte Welt als ein hervorragendes Beispiel dafür, wie die Grundideen der Gründung, Bedarfe der Elektrifizierung durch Verbindung zu decken, in die heutige Zeit fortgeschrieben werden.
>
> Und als neue Verbindung der Zusammenschluss mit weiteren Partnern zur „All Electric Society Alliance", um hier über Synergien und vereinte Ressourcen eine noch größere Wirkung zu erreichen. ◄

Ein zweiter Aspekt dieser Station ist die grundlegend andere Orientierung des Unternehmers. Mit der Frage „Was wissen wir und was können wir?" orientiert er sich an den **Prinzipien der vorhandenen Mittel und des leistbaren Verlustes,** nicht an dem eines notwendigen Investments.

Denn sonst kann folgendes Dilemma auftreten: Erhält ein innovativer Unternehmer aufgrund eines überzeugenden Businessplans eine Finanzierung, ist er

seinen Geldgebern rechenschaftspflichtig. Damit ist er in seiner Freiheit einge-
schränkt, sich durch die aktuellen Umstände leiten zu lassen und – wenn es ihm
angebracht erscheint – Ziele und Planvorgaben zu ändern.

Für den Finanzier bedeutet ein Kurswechsel, dass das ursprüngliche Konzept,
für das er Geld bereitgestellt hat, gescheitert ist. Es fällt ihm schwer, dem Unternehmer nun ein zweites oder gar drittes Mal zu folgen. Der Gründer steht also
vor der Wahl: Soll er seiner Intuition folgen, die Pläne ändern und die Finanzierung gefährden – oder soll er doch lieber am Businessplan festhalten? Die Gefahr
ist groß, dass er gegen seine innere Überzeugung die alte Planung weiterverfolgt.

8.2.2   Station 2: Zukunftsbild und Alternativen

Ziel ist es hier zunächst, ein **inspirierendes Zukunftsbild und eine Positionierung** des eigenen Unternehmens bzw. Verantwortungsbereiches zu Nachhaltigkeit
zu entwickeln. Aus unserer Erfahrung ist dies ein Reifungsprozess, der Zeit benö-
tigt. Damit entsteht oft die Weitsicht, die es für die gelegentlich beschwerlichen
Wege in die Zukunft braucht. Gras wächst auch nicht schneller, wenn man daran
zieht.

Hilfreich ist die **Außenperspektive** (Stimmen von außerhalb) und die Nutzung
analoger Elemente (Bilder, Fotos, Kunst, Bewegung). Sie ergeben oft wichtige
Impulse, um über den Tellerrand hinauszuschauen.

Es ist auch wichtig, den Sack nicht zu früh zuzumachen. Wir empfehlen,
sich nicht zu schnell auf eine Option zu verengen, sondern **in Alternativen zu
explorieren.**

Den Zufall, Antipode der Kausalität, klammert die klassische Betriebswirtschaft aus. Er passt nicht in die Welt linear-kausaler Problemlösungen und wird
deshalb ins Feld der externen Risiken verbannt. Damit wird jedoch Entschei-
dendes ausgeblendet, denn der Serendipity, der glücklichen Fügung, verdanken
es viele Unternehmer, etwas zu finden, wonach sie gar nicht gesucht haben.
Alexander Flemming entdeckte auf diese Weise das Penizillin, Alfred Nobel das
Dynamit. Was der von der Betriebswirtschaft geprägte Manager ausblendet, nutzt
der Unternehmer für seinen Erfolg: Zufälle und Gelegenheiten. Offensichtlich
verfügt er über einen ausgeprägten Sinn für die Glücksangebote am Wegesrand
(Röpke 2002).

Unternehmertum erkennt nicht nur Gelegenheiten mit offenem Geist, sondern entwickelt auch die Kraft, daraus etwas zu machen, wie das folgende Beispiel zeigt:

Beispiel Sport Conrad (1): "Erfolg by accident"

Ein internationales Millionenunternehmen im Ski- und Sportbereich, stationär und online und Familienunternehmen in der 4. Generation mit 220 Mitarbeitenden.

Hans Conrad: „Viel von dem Erfolg, den wir bisher hatten, war ein Erfolg „by accident". Eine Anekdote dazu: Wir waren 1999 einer der ersten Onlinehändler im Sportbereich. Man kann sich Onlinehandel damals nicht wie heute vorstellen. Lange Zeit wussten wir nicht, was wir mit dem Onlineshop machen sollten. Von einem Skihersteller haben wir einmal ein fast unverkäufliches Modell bekommen. Es war ein Völkl Gotama, 170 cm, einer der ersten freeride Ski, den es in Deutschland gab. Der Ski war für den deutschen Markt zu kurz und zu breit. Wir hatten für den Ski einen guten Preis bekommen und haben ihn eingestellt. Ich weiß noch: ich bin in der Früh ins Geschäft gekommen. Damals liefen die Aufträge aus dem Onlineshop per Fax ein. Da lag schon ein Haufen Papier vor dem Drucker. Was ist denn jetzt passiert? Der erste Auftrag: aus den USA. Nächster Auftrag: USA, Wyoming, Utah, Tennessee. Weiß der Kuckuck. Wir haben in einer Nacht 100 Paar von diesen Ski in dieser völlig irren Länge verkauft. Erst durch diesen Zufall sind wir draufgekommen: Wow! Online hat so eine Reichweite. Viele Dinge, von denen man jetzt im Nachhinein sagt, da war man weitsichtig oder früh dran – das waren einfach glückliche Zufälle."◄

8.2.3 Station 3: Vernetzung

Viele Nachhaltigkeitsprojekte lassen sich nicht nur im eigenen Verantwortungsbereich lösen. Eine Vernetzung mit Partnern innerhalb und außerhalb des Unternehmens ist wichtig. Diese kann auch **entlang der Wertschöpfungskette, z. B. mit Wettbewerbern,** sinnvoll sein:

- Neue Ideen und Perspektiven werden gewonnen (zu vorher für unmöglich gehaltenen Zielen).
- Die Einbindung und Inspiration weiterer Beteiligter ermöglicht den Zugriff auf neue (andere) Ressourcen, was zu neuen Chancen führt.

- Häufig wird ein gemeinsames Öko-System geschaffen, was sich insbesondere im Rahmen der Kreislaufwirtschaft mit Partnern, Zulieferern, Dienstleistern etc. als erfolgversprechend erweist, meist unter Einbindung digitaler Tools.

Beispiele für Vernetzung unter Einbindung digitaler Tools[2]

- **Ricosta Schuhfabriken GmbH** arbeitet mit dem **Start Up retrace** zusammen, um seine Lieferkette im Textilbereich digital transparent machen.[3]
- **Mehrere KMU und das Werkzeugmaschinenlabor WZL der RWTH Aachen University** optimierten Energie- und Ressourceneffizienz durch Einsatz von Sensoren und KI unter dem Schlagwort Internet of Production (basierend auf Industrie 4.0 und Internet of Things).
- Entwicklung eines digitalen Circular Economy Geschäftsmodells der **Technische Bürsten GmbH Spremberg,** um Reststoffe aus der Produktion in Zusammenarbeit **mit einem Online-Portal** direkt an Endkunden zu vermarkten.◄

Beispiel Wertegemeinschaft Lammsbräu

„Seit Anbeginn spielte die soziale Komponente eine große Rolle für uns, das heißt der Umgang mit unseren Partnern in der Lieferkette und im Lieferantennetzwerk. Das bezieht sich z.B. auf die Landwirte und deren Bezahlung. Partnerschaft mit ihnen auf Augenhöhe war von Anfang an sehr wichtig für uns, auch weil es anders gar nicht gegangen wäre. Damals war es die Zeit, wo es nicht nur Befürworter des nachhaltigen Wirtschaftens gab. Da gab es zum Teil sogar Widerstand. Das konnten wir dann nur über das Knüpfen von Partnerschaften lösen. Das hat sich bis in die heutige Zeit bewährt. Wir verstehen die Beziehung mit den Landwirten eher als **Wertegemeinschaft** denn als eine reine Kunden-Lieferantenbeziehung."
Johannes Ehrnsperger, Neumarkter Lammsbräu, Bio-Pionier, führt in 7. Generation die Neumarkter Lammsbräu[4]
◄

Die **Vernetzung mit internen Akteuren** ist für Führungskräfte wichtig, da Nachhaltigkeit nur über die Einbindung verschiedenster Organisationseinheiten funktionieren kann. Je mehr Kolleginnen man einbindet und inspirieren kann, umso mehr Engagement, Ideen und (notwendiges) Fachwissen fließen in die Projekte ein.

---

[2] Siehe auch Mittelstand Digital 2022, 2020a, 2020b, DUP 2023.

[3] Hier gibt es Möglichkeiten durch Blockchain-Technologien, die entsprechenden Zertifikate in der Lieferkette abzusichern (z. B. Siemens Energy 2023).

[4] Interview mit Johannes Ehrnsperger.

Diesen Weg hat der Hersteller von Sonor- und Bedienelementen für den Maschinen und Off-Highway-Bereich elobau konsequent beschritten. Das Unternehmen macht Mitarbeiter aktiv zu Mitwirkenden. Entscheidungsprozesse wurden so weit wie möglich dezentralisiert.

Der Beiratsvorsitzende und frühere Geschäftsführer Michael Hetzer betonte hierzu in unserem Interview: „Wir haben unser Unternehmen so aufgestellt, das die Mitarbeitenden auch wirken können. Wir wollen viele Unternehmer im Unternehmen haben. Mehr Geld ermöglicht einen Motivationsschub, der nur eine kurze Halbwertszeit hat. Wenn Mitarbeiter in engen Korridoren handeln, machen sie irgendwann Dienst nach Vorschrift oder verlassen das Unternehmen. Nur auf diese Weise können wir Mitarbeitende in die neue Zeit führen. "

Ein bewährtes Instrument, möglichst viele interne und externe Akteure auf effektive Weise einzubinden (auch sektorübergreifend und interdisziplinär), ist die **Multi-Stakeholder-Konferenz.** Hierbei werden im Rahmen einer ein- bis zweitägigen Veranstaltung alle Beteiligte an einen Tisch gebracht, um mit **kreativen Tools** eine gemeinsame **Bestandsaufnahme** durchzuführen und **Lösungsansätze** zu erarbeiten. Die auf diese Weise erarbeiteten Lösungen müssen danach nicht mehr aufwendig abgestimmt werden und beinhalten verschiedenste Impulse, die der „kollektiven Intelligenz" entstammen.

Vorgehensweise erfolgreicher mittelständischer Unternehmer

- Welche sinnvollen Verknüpfungen des Gründungsimpulses mit den heutigen Herausforderungen mit Blick auf Nachhaltigkeit gibt es? Was war damals der Kontext? Welches Bedürfnis bzw. welche oft tiefen Nöte wurden damals mit der Gründung behoben? Und wie würde dies heute aussehen?
- Wie können wir noch mehr die echten Bedürfnisse unserer Konsumenten herausarbeiten und uns daran ausrichten?
- Steht demnächst eine Generationsnachfolge an? Kann diese für eine neue Phase der Unternehmensentwicklung genutzt werden, analog einem neuen Jahresring bei Bäumen?
- Wie lässt sich daran im Sinne von Unternehmertum 2.0 anknüpfen?
- Welche Mittel, Ressourcen und Know-how sind schon vorhanden?
- Welche leistbaren Verluste sind wir bereit einzugehen? Was ist es uns wert?

„Wenn ich nicht anfange, werde ich nicht schlauer." – Interview Wilhelm Mauß, Lorenz

9

Inhaber Lorenz GmbH & Co KG in Schelklingen, Innovation Excellence Award 2022 und Deutscher Ressourcenpreis 2022 (Abb. 9.1)

Wie hat das Thema Nachhaltigkeit für Sie und Ihr Unternehmen angefangen?
Ich habe das Unternehmen im Alter von 40 Jahren voller Euphorie übernommen, um dann schnell festzustellen, dass wir bei den Materialkosten und auch bei den Prozesskosten unter starkem Druck standen. Mir ist dann auf dem Recyclinghof beim privaten Entsorgen eingefallen: Warum werden eigentlich die Wasserzähler alle weggeworfen und nicht recycelt? Es war also die wirtschaftliche Not, die mich damals zum Handeln gezwungen hat und die Überzeugung, nichts zu verschwenden und nichts wegzuwerfen.

Beides zusammen hat dann dazu geführt, dass ich am folgenden Montag zurück im Unternehmen gesagt habe, dass mir eingefallen ist, dass wir die Zähler von den Kunden zurückholen und die Produkte wieder aufbereiten sollten. Das kam erst mal gar nicht gut an. „Wir bei Lorenz haben bisher nur höchste Qualität produziert. Wir können doch an die Kunden keinen Schrott rausschicken."

Im ersten Moment geht einem das gegen den Strich, aber wenn man dann wieder bisschen zu Ruhe kommt, sagt man sich, okay, dann nimm doch mal alle Argumente auf, die da kommen, weil wenn ich meine eigenen Führungskräfte schon nicht überzeugen kann, wie soll es dann später bei Kunden gelingen, die zu überzeugen. Das hat dann intern plötzlich gut funktioniert. Speziell als die Mitarbeiter gesehen haben, dass die Qualität der wiederaufbereiteten Geräte gleich, zum Teil höher war.

Dann hatten wir zwei Kunden, die bereit waren, auch nach anfänglichen Fragen, mit uns Pilotprojekte zu machen. So konnten wir tatsächlich aus der wirtschaftlichen

W. Zimmermann et al., *Sustainability Leadership*, essentials,
https://doi.org/10.1007/978-3-658-44329-0_9

Abb. 9.1 Wilhelm Mauß

Not eine wirklich unternehmensweite Tugend gestalten. Ich glaube, man muss sich nur trauen, der Vernunft zu folgen.

Was sind Ihre Empfehlungen für das Führen von Nachhaltigkeit?

- Aller Anfang ist schwer, keine Frage. Aber wenn ich nicht anfange, werde ich nicht schlauer, lerne ich nichts, kann mich nicht verbessern. Man kann, egal welches Produkt, egal welches Unternehmen, heute starten, kann Produkte zurücknehmen, kann wesentliche Dinge demontieren und dann wiedereinsetzen.
- Mitarbeiter muss man überzeugen. Wenn die es nur nach Befehl und Gehorsam machen, wird es nicht funktionieren. Mitarbeiter muss man abholen, deren Sorgen muss man adressieren. Sie sind oft sehr loyal und versuchen, das eigene Unternehmen vor irgendwelchen spinnerten Ideen zu schützen. Das ist lobenswert. Aber wenn man selbst der Überzeugung ist, dass man keine unvernünftige Idee hat, dann kommt man letztlich tatsächlich nur zusammen, wenn man die Argumente gelten lässt und wenn man tatsächlich in der Sache überzeugen kann. Sonst wird es nichts.
- Die gleiche Logik gilt für Kunden. Jeder darf seine Bedenken äußern und wenn es uns nicht gelingt, die im Vorfeld auszuräumen, dann wird es ebenfalls nichts. Wenn man so partnerschaftlich zusammenarbeitet, fällt das Armdrücken weg. Man zieht an einem Strang, man sitzt in einem Boot und das macht das Geschäftsleben einfach deutlich menschlicher.
- Die Laufzeit ist lang. Wenn wir das für zwei Eichperioden, also für 12 Jahre, machen, dann berührt das natürlich auch Entscheidungen solcher Spitzengremien unserer Kunden, die eher auf die kurzfristige Gewinnmaximierung abzielen. Da muss man prüfen, wer solch langfristige Verträge abschließen darf und wie sich das in den unterschiedlichen Abhängigkeiten auswirkt. Da steckt der Teufel dann schon im Detail. Darum ist es wichtig, die Geschäftsmodelle so variabel zu gestalten, dass man es im Idealfall schafft, zumindest grundsätzlich jeden ins

Boot zu kriegen. Es darf zumindest keine im Geschäftsmodell liegenden Gründe geben, die es ausschließen . Die wirtschaftlichen Vorteile beim Kunden und Hersteller müssen überzeugen. Zusätzlich wird die Umwelt sehr stark entlastet und Arbeitsplätze werden in Deutschland und Europa erhalten und geschaffen. Die Resilienz gibt es umsonst dazu, wenn der Kunde von heute der Lieferant von morgen ist.

- Wir zeigen es auch Wettbewerbern, weil wir ohnehin nie ein Monopol haben werden, also dann sind wir doch gerne vernünftige Wettbewerber. Wir möchten unserer Überzeugung folgen, dass es zirkulär werden muss – die Menschheit wird sich keine linearen Geschäftsmodelle mehr leisten können. Da sind wir mit ganzem Herzen Botschafter. Und je etablierter es ist, umso leichter tun wir uns natürlich dann auch mit unserer Vorgehensweise, die letzten hinter dem Baum hervorzulocken.

Welche persönlichen Eigenschaften waren auf dem Weg zu Nachhaltigkeit wichtig?
Ich glaube der Weg zur Kreislaufwirtschaft ist nicht herausfordernder als vielleicht ein neues Entwicklungsprojekt: Beharrungs- und Durchhaltevermögen, Überzeugungskraft und auch die Bereitschaft, sich selbst infrage zu stellen sind entscheidend, zudem mit anderen Blickwinkeln ranzugehen, um einfacher um Probleme herumzukommen und dann umsetzen und lernen.

Kommunikation... mehr als Storys 10

Hand aufs Herz: Lange spielte das Wohlergehen von Menschen und Planet bei wirtschaftlichen Entscheidungen für viele Betriebe eine nachrangige Rolle. Das Business wurde so betrieben, als existierten Unternehmen **losgelöst von Gesellschaft und Natur.** Aber ist das eine tragbare Strategie für die Zukunft? Eher nicht. Die alten Denkweisen verändern sich rapide. Es entwickeln sich Gegentrends mit verschiedenen Ausprägungen. Einer davon ist die geforderte hohe Transparenz durch Berichtspflichten.

> „Viele mittelständische Betriebe im deutschsprachigen Raum haben schon viele Nachhaltigkeitsprojekte umgesetzt, sind aber in der Dokumentation und ihrer Kommunikation eher zurückhaltend. Nicht zufällig spricht man ja auch von den 'Hidden Champions.“ **Judith Herzog-Kuballa**[1]

Hier gilt es umzudenken und neue Formen der internen und externen Kommunikation zu finden. **„Neue Narrative"** sind gefragt. Sollte dies nicht nur ein Buzzword sein, lohnt es sich, hier tiefer zu schöpfen, um der Zukunft eine glaubwürdige Geschichte (Narrativ) zu geben. Dazu eine kleine Warnung: bitte keine Allgemeinplätze und Worthülsen! Es braucht inhaltlich fundierte, persönlich sortierte und empfängergerechte Botschaften. Wenn es Not tut, auch mal klare Ansagen zur Orientierung, mit einer guten Portion Konfliktfähigkeit.

Kommunikation spielt sich auf verschiedenen Ebenen ab. Ein großer Teil wird vom Marketing oder der Presse- und Öffentlichkeitsarbeit gestemmt. Doch Kommunikation bleibt originäre Aufgabe der Führung, nach innen und nach außen. Es

---

[1] Interview mit Judith Herzog-Kuballa, VDMA

© Der/die Autor(en), exklusiv lizenziert an Springer Fachmedien Wiesbaden GmbH, ein Teil von Springer Nature 2024
W. Zimmermann et al., *Sustainability Leadership*, essentials,
https://doi.org/10.1007/978-3-658-44329-0_10

ist die Aufgabe, die Mitarbeitenden von Anfang an glaubwürdig einzubeziehen, ihre Bedenken und Sorgen ernst zu nehmen und durch eine kraftvolle Sprache und Bilder zu gewinnen. Führung kann Begeisterung für das Thema Nachhaltigkeit und dessen Herausforderungen erzeugen!

Frank Asmus, ein großer Fan von Steve Jobs, hat dazu ein spannendes Buch geschrieben (Asmus 2021). Zunächst ist der Titel bemerkenswert: „Impact. Wie Sie sich und andere überzeugen (…)". Die Reise beginnt also bei sich selbst. Klarheit in der (Führungs-)Kommunikation setzt Selbstaufklärung voraus. Wir halten diesen Aspekt beim Thema Nachhaltigkeit für so wichtig, dass wir ihm weiter oben ein ganzes Kapitel widmen: **Personal Leadership.**

Von zentraler Bedeutung ist es, Inhalten Klarheit und eine logische Struktur zu geben. Meist haben Geschäftsführungen viele Botschaften. Eine der größten Herausforderungen unserer Beratung ist es oftmals, diese zu **drei zentralen Botschaften** zu verdichten. Warum? Die Dreierstruktur ist ein klassisches Moment der Dramaturgie beim Vortrag. Dies gilt für die Rhetorik genauso wie in der Führung. Sei es extern oder vor den Mitarbeitenden. Wir können uns auf die Schnelle drei Dinge am besten merken.

Der nächste Aspekt glaubwürdiger Führungskommunikation ist es, eine **geeignete Geschichte** beziehungsweise Botschaftslinie zu formen, die „Menschen", „Marken", „Produkte" und „Erlebnisse" einbezieht. Hier kommt einer bildhaften Sprache ein wichtiger Stellenwert zu. Sie wirkt auf Emotionen und schafft Verbindung zu den Adressaten. Dies ist besonders wichtig bei der verständlichen Vermittlung komplexer Zusammenhänge sowie Lösungsansätze im Bereich Nachhaltigkeit.

Wir brauchen eine Sprache der Zuversicht und die Kunst der richtigen Worte. Eine verbindende Kommunikation mit Hingabe, stimmig zu den eigenen Werten und Überzeugungen, entfaltet das Potenzial für eine präsente und authentische Überzeugungskraft.

Sport Conrad:[2]

Ein Millionenunternehmen im Ski- und Sportbereich, stationär und online, zugleich Familienunternehmen in der 4. Generation mit 220 Mitarbeitenden.

---

[2] https://www.sport-conrad.com.

„Wir denken um", so hieß die Nachhaltigkeitsinitiative von Sport Conrad, die 2018 ins Leben gerufen wurde. Gleichzeitig ist es ein hauseigenes Label, mit dem Marken und Produkte ausgezeichnet werden, die auf eine umwelt- und sozialverträgliche Produktion achten.

Wieso machen wir das? Das wird Hans Conrad, einer der beiden Geschäftsführer, häufig gefragt. Seine Antwort: weil wir generationengerecht wirtschaften wollen. Neben unternehmensinternen Maßnahmen wie der Senkung des Energieverbrauchs spielt auch die Auswahl unseres Sortiments eine wichtige Rolle für unseren CO_2 Fußabdruck.

„Wir werden ohne nachhaltiges Handeln in zehn Jahren sowieso nicht mehr erfolgreich sein. Die Transformation des Betriebs, in der wir drin sind, müssen wir unbedingt hinbekommen. Daran müssen wir arbeiten. Auch die nächste Generation. Und die Generation, die den Karren zumindest in der Hinsicht in den Dreck gefahren hat, muss ihren Teil dazu beitragen. Das können wir nicht so einfach an die nächste Generation delegieren. Das ist das Thema, das mich umtreibt".

Eine Fülle von Aktionen, oft mit Industriepartnern bringt das Thema erlebbar nahe.◄

Die Notwendigkeit des praktischen Erlebens von neuen Ansätzen betonte auch Michael Hetzer (elobau) in unserem Interview:

„Wir waren am Anfang eine kleinere Führungsmannschaft und haben uns einen externen Begleiter geholt. Wir haben Erlebnisse geschaffen, wo die Mitarbeitenden mit dem Begleiter einen Aha-Effekt hatten, nach dem Prinzip: ich habe durch das Erlebnis erlebt, was ich verändern kann, wenn ich etwas grundlegend anders mache. So hat sich das fortgesetzt. Wenn ich nur davon erzählt hätte, hätte das nichts genutzt. Ich muss es ja einmal erleben, dann habe ich ja Feuer gefangen. So machen wir das bis heute. Bei dem neuen Entlohnungsmodell haben wir auch Erlebnisse mit den Produktionsmitarbeitern geschaffen."

Kommunikation: Eine kurze Checkliste

1. **Botschaft:** Haben wir eine klare Botschaft, die wir stets wiederholen?
2. **Storytelling:** Mit welchen Narrativen (Geschichten) arbeiten wir? Welche Geschichten verbinden und berühren?

3. **Die Sachargumente:** Wie sieht es mit Zahlen, Daten, Fakten aus (und wie sind diese in eine überzeugende Kommunikation integriert)? Arbeiten wir mit guten Quellen, Nachweisen und Beispielen? Unterstützen die Fakten auch das Entwerfen von Zukunftsbildern?

4. **Aktionen:** Organisieren wir gemeinsame Maßnahmen und Pilotprojekte als Katalysator für Reflexion und Veränderung? Wird durch die Aktionen durch die direkte Einbeziehung Nachhaltigkeit erfahrbar?

5. **Rhetorik:** Wie schaffen wir es mit Hingabe, präsent und authentisch zu sein – und damit überzeugend?

Epilog

Wir sind fast am Ende unserer Reise durch das Thema Führung und Nachhaltigkeit.

Was bleibt?

Vielleicht ein letzter Blick über den Tellerrand zu möglichen Antworten, zu konkreten Wegen?

Wir wollen nicht ins Utopische abdriften, zwischen Flügen ins Weltall oder der radikalen Disruption. Dem Vordenker Harald Welzer zur Folge sind Utopien etwas für „Faule" (Welzer 2019). „Machbarkeit" zu erarbeiten, ist zähe Überzeugungsarbeit, nicht so schillernd wie die faszinierenden Entwürfe einer bunten Welt von übermorgen.

Was kann in den weiten Ebenen der Umsetzung unterwegs helfen?

Freundlichkeit und Verbundenheit

Sicher gehen uns diese Begriffe nicht gleich durch den Kopf, wenn wir um uns blicken. Und doch: sie sind in vielen Verästelungen in der vor uns liegenden Transformation enthalten.

Wir wollen umweltfreundlicher wirtschaften und leben, wir wollen kooperativ und freundlicher zusammenarbeiten, freundlich zu Enkeln und Nachkommen sein... und vieles mehr.

Freundlichkeit ist nicht Wegschauen und schon gar kein Schönreden. Freundlichkeit zeigt sich oft in kleinen Gesten: der Nachfrage, wie es geht, wie ich dir helfen kann, was wir gemeinsam tun können. Freundlichkeit kann Brücken bauen und beginnt im Kleinen.

In Krisenzeiten brauchen wir diese Kombination von Empathie und Sympathie. Das wusste schon Adam Smith:

W. Zimmermann et al., *Sustainability Leadership*, essentials,
https://doi.org/10.1007/978-3-658-44329-0_11

„Ohne hilfsbereite Kreativität, ohne ethische Gefühle, ohne wechselseitige Sympathie und ohne Freundlichkeit kann keine Krise je bewältigt werden. Wir werden auch nicht mit Ungewissheit gelassen umgehen können. Wir brauchen die Freundlichkeit als Begleiterin." **Adam Smith** (Smith 2021)

Freundliches lässt uns aufatmen. Freundliches entspannt uns.

Zuversicht
Mittelständische Unternehmer sind häufig Umsetzungsweltmeister: mit einem guten Schuss Pragmatik, der häufig zitierten Flexibilität und Agilität sowie der Fähigkeit, Gefolgschaft im Innen wie im Außen zu organisieren. Dies kann Berge versetzen.

Und die Kraft zur Zuversicht geben.

Was Sie aus diesem *essential* mitnehmen können

- Einen Überblick über das Thema Nachhaltigkeit aus Perspektive der Führung.
- Ein tieferes Verständnis für die Konflikthaftigkeit des Themas, aber auch die damit verbundenen Chancen.
- Einen Einblick in die Erfahrungen von Vorreiterfirmen und deren Geschäftsführungen.
- Reflexionsfragen und Impulse zur Umsetzung der Nachhaltigkeitstransformation.
- …und vielleicht ein Stück Zuversicht zum konkreten Handeln.

Literatur

Asmus, Frank, Impact – wie Sie sich und andere überzeugen, Goldegg Verlag, 2021

Beer, Stafford, Kybernetik und Management, Fischer Verlag, 1959

BGBL, Gesetz zur Stärkung der nichtfinanziellen Berichterstattung der Unternehmen in ihren Lage- und Konzernlageberichten vom 11.4.2017, BGBL. 2017 I, S. 802ff.

BGBL, https://www.bgbl.de/xaver/bgbl/start.xav#__bgbl__%2F%2F*%5B%40attr_id%3D%27bgbl121s2959.pdf%27%5D__1697801742335 abgerufen am 20.10.2023

Bordt, Michael, Die Kunst sich selbst zu verstehen, Elisabeth Sandmann im Insel-Taschenbuch, 2023

Brühl C.A., Zaller, J.G., Biodiversity Decline as a Consequence of an Inappropriate Environmental Risk Assessment of Pesticides, in Frontiers in Environmental Science, Oktober 2019; https://www.frontiersin.org/articles/10.3389/fenvs.2019.00177/full, abgerufen am 01.12.2023

Christensen C. M., The Innovators Dilemma: When New Technologies Cause Great Firms to Fail., Boston, MA, Harvard Business School Press, 1997

Cyert, Richard; March, James G., A Behavioral Theory of the Firm (2 ed.). Wiley-Blackwell, 1992

Drucker, Peter F. Was ist Management. Das Beste aus 50 Jahren by Peter F. Drucker, Econ-Verlag, 2002

Dürr, Hans Peter, Das Lebende lebendiger werden lassen: Wie uns neues Denken aus der Krise führt, Oekom Verlag 2011

ECMWV, Klimagrafik, https://climate.copernicus.eu/, abgerufen am 20.10.2023

Eidenschink, Klaus, Merkez, Ulrich, Entscheidungen ohne Grund, eine Metatheorie der Veränderung, Vandenhoeck & Ruprecht 2021

Eidenschink, Klaus, Metatheorie der Veränderung, https://metatheorie-der-veraenderung.info/wpmtags/organisation-und-konflikte/ abgerufen am 30.11.2023

ESRS European Sustainability Reporting Standards 1, 3.2. Pkt. 25 (https://eur-lex.europa.eu/legal-content/DE/TXT/?uri=pi_com:Ares(2023)4009405), abgerufen am 30.11.23

Faschingbauer, Michael, Effectuation – Wie erfolgreiche Unternehmer denken, entscheiden und handeln, Schäffer-Poeschel Verlag, 2021

Fratzscher, Marcel, Schluss mit der Vollkaskomentalität der Unternehmer!, Tagesspiegel, 1.09.23

© Der/die Herausgeber bzw. der/die Autor(en), exklusiv lizenziert an Springer Fachmedien Wiesbaden GmbH, ein Teil von Springer Nature 2024
W. Zimmermann et al., *Sustainability Leadership*, essentials,
https://doi.org/10.1007/978-3-658-44329-0

Freiberg J., Bruckner, A., Corporate Sustainability, Kompass für die Nachhaltigkeitsbericht-erstattung, Freiburg 2023

Gabler, Wirtschaftslexikon, Definition Materiality, https://wirtschaftslexikon.gabler.de/def inition/materiality-39363; abgerufen am 9.12.2023

Güthler, Andreas, Aktionsmappe Einfach komplex – vernetztes Denken für eine nachhaltige Welt. Grundlagen und Methoden zur Förderung des systemischen Denkens in der Bildung für Nachhaltige Entwicklung (BNE), Naturerlebniszentrum Allgäu (NEZ) mit Förderung durch das Bayerische Staatsministerium für Umwelt und Verbraucherschutz, 2020

LkSG, Lieferkettensorgfaltspflichtengesetz im Bundesgesetzblatt, 2023

Mittelstand Digital Magazin (MDM), WISSENSCHAFT TRIFFT PRAXIS – Sonderausgabe Digitalisierung und Nachhaltigkeit 2022

Mittelstand Digital Magazin (MDM), WISSENSCHAFT TRIFFT PRAXIS – Ausgabe 14 Nachhaltigkeit und Digitalisierung, 2020a

Mittelstand-Digital, Themenheft Nachhaltigkeit unter https://www.mittelstand-digital.de/ MD/Navigation/DE/Themen/Organisationen-Digitalisieren/Nachhaltigkeit/nachhalti gkeit.html, 2020b

O'Reilly III, C. A./ Tushman, M. L.: Ambidexterity as a dynamic capability: Resolving the innovator's dilemma. Research in Organizational Behavior 28 (2008), S. 185–206

Orthmann, Günther, Management in der Hypermoderne, Kontingenz und Entscheidung, Springer, 2009

Phoenix, https://www.phoenixcontact.com/de-de/unternehmen/kultur-haltung/all-electric-society, abgerufen am 23.11.23

Porter, Michael Eugene, Wettbewerbsstrategie: Methoden zur Analyse von Branchen und Konkurrenten, CampusVerlag, 2008

Prieß, Green Company Transformation, Haufe Verlag, Freiburg 2022, S. 43

Rachlitz, Kurt, Stuer, Andre, Zimmermann, Wolfgang, PS-starke Unternehmensführung, SIXT im Spannungsfeld von Hierarchie und Selbstorganisation, In New Organizing: Wie Großorganisationen Agilität, Holacracy & Co. einführen – und was man daraus lernen kann; in Torsten Groth, Gerhard P. Krejci & Stefan Günther (Hrsg.) New Organizing. Wie Großorganisationen Agilität, Holacracy & Co. einführen – und was man daraus lernen kann. Heidelberg: Carl Auer Systeme 2021

Rat für Nachhaltige Entwicklung; DNK-Leitfaden, 4. Auflage 2020; https://www.deu tscher-nachhaltigkeitskodex.de/de/unterstuetzung/leitfaden-checkliste-co/, abgerufen am 01.12.2023

Reinhard Schneider, Die Ablenkungsfalle. Die versteckten Tricks der Ökologie-Bremser. Wie wir unsere Umwelt nicht länger aufs Spiel setzen. Oekon-Verlag 2023

Röpke, Jochen, Der lernende Unternehmer, S. 303, BoD Books on Demand, 2002

Sarasvathy, Saras D., Causation and effectuation: Toward a theoretical shift from economic inevitability to entrepreneurial contingency. In: The Academy of Management Review. Vol. 26, Nr. 2, 2001, S. 243 ff.

Senge, Peter, The fifth Discipline, Random House, 1990

Schulz von Thun, F., Praxisberatung in Gruppen – Erlebnisaktivierende Methoden mit 20 Fallbeispielen zum Selbsttraining für Trainerinnen und Trainer, Supervisoren und Coachs. (6. Aufl.). Weinheim und Basel: Belz Verlag, 2006

Siemens Energy, Building Trust with Clean Energy Certficates, https://www.siemens-ene rgy.com/global/en/home/stories/building-trust-with-clean-energy-certificates.html, abgerufen am 30.11.23

Smith, Adam, Theorie der ethischen Gefühle, Philosophische Bibliothek 605, Felix Meiner Verlag, 2021

Sparrer, Insa, Varga von Kibéd, Matthias, Ganz im Gegenteil, Tetralemmaarbeit und andere Grundformen Systemischer Strukturaufstellungen – für Querdenker und solche, die es werden wollen. 6. Auflage. Carl Auer, Heidelberg 2009

Stiftung der Vereinten Nationen, https://unfoundation.org/blog/post/the-sustainable-develo pment-goals-in-2019-people-planet-prosperity-in-focus/; abgerufen am 26.11.2023

Storch, Maja, Krause, Frank, Selbstmanagement – ressourcenorientiert. Grundlagen und Trainingsmanual für die Arbeit mit dem Zürcher Ressourcen Modell. 3., korr. Auflage. Huber, Bern 2005

Umweltbundesamt, Die Nutzung natürlicher Ressourcen, Ressourcenbericht für Deutschland 2022, Dessau-Rosslau 2022

Universität Landau, Online-Artikel „Pestizide in der Kulturlandschaft: Welche Auswirkungen haben sie?", https://neuland.uni-landau.de/index.php/2021/11/pestizide-in-der-kultur landschaft-welche-auswirkungen-haben-sie/; abgerufen am 01.12.2023

Vester, Frederic, Die Kunst, vernetzt zu denken. Ideen und Werkzeuge für einen neuen Umgang mit Komplexität, Verlag: Deutsche Verlags-Anstalt DVA, 1999

Weick, K.E., Sutcliffe, K., Das Unerwartete managen, Klett-Cotta Verlag, 2008

Welzer, H. , Alles könnte anders sein: Eine Gesellschaftsutopie für freie Menschen. Frankfurt am Main: S. Fischer, 2019

Wikipedia, „Jaques Elliot", https://en.wikipedia.org/wiki/Elliott_Jaques abgerufen am 10.11.2023, 2023

Wikipedia, „Teebeutel", Permalink: https://de.wikipedia.org/w/index.php?title=Teebeutel& oldid=239534069, abgerufen am 2.12.2023; 2023a

Zernisch, Peter, Markenglauben, Wiley Verlag, 2003

Zeuch, Andreas (Hrsg.), Management von Nichtwissen in Unternehmen, Carl-Auer Verlag, 2007 Seite 64

Zimmermann, Wolfgang, Unternehmer sind Verrückte – Wie Unternehmer Grenzen überwinden und was Manager von ihnen lernen können, Springer Gabler, 2014

Zimmermann, Wolfgang, Umbruch in der Chefetage – Vom Heldentum zur agilen Führung, Haufe, 2016

Printed in the United States
by Baker & Taylor Publisher Services